Die Staatsfrau
mit Charme und Charisma

Doris Leuthard

Die Staatsfrau
mit Charme und Charisma

Eine Biografie von Werner Vogt

Weltbild

Widmung des Autors:

Für Luzia und Isabelle –
zur Inspiration für Euer Leben

Weltbild Buchverlag
– Originalausgaben –

ISBN: 978-3-03812-762-8
Konzept und Idee: Werner Vogt, Lukas Heim
Lektorat/Korrektorat: Susanne Dieminger
Covergestaltung, Layout, Satz: Thomas Uhlig/www.coverdesign.net
Bildredaktion: Thomas Uhlig, Lukas Heim, Werner Vogt
Bildquelle Umschlagvorderseite: Thibault Camus/AP/Keystone

Besuchen Sie uns im Internet: www.weltbild.ch

INHALT

Vorwort des Autors

Menschen, die Ausserordentliches erreichen, zeichnen sich oft durch grosse Bescheidenheit aus. So auch Bundesrätin Doris Leuthard. Nach einem engagierten und erfrischenden Wahlkampf wurde die siebte Bundesrätin in der Geschichte der Eidgenossenschaft im Jahr 2006 nahezu konkurrenzlos gewählt. Doch dies war erst der Anfang einer ganzen Serie von persönlichen wie politischen Erfolgen, was sich nicht zuletzt auch im Bundesrat zeigte, wo sie fast alle Volksabstimmungen im Sinne der Regierung beeinflussen konnte.

Trotz all dieser Erfolge blieb die Frau, die aus einfachen Verhältnissen im aargauischen Meerenschwand stammt und an die Staatsspitze der Schweiz gewählt wurde, sich selbst und ihren Wurzeln immer treu. Politische Tugenden wie Demut und Bescheidenheit sind ihr eine Selbstverständlichkeit. Nicht sie selbst steht mit diesem Amt im Mittelpunkt – vielmehr geht es um den Dienst für die Gemeinschaft, um das grosse Ganze: «Ich hoffe, Sie waren zufrieden mit meiner Arbeit», sagte sie denn auch – die Tränen nur mit Mühe unterdrückend – bei ihrer Rücktrittserklärung vor der Presse. Das widerspiegelt nicht nur ihre Geisteshaltung, sondern zeugt von echter menschlicher Grösse.

«Ich bin eben etwas nahe am Wasser gebaut», so hin und wieder ihr Kommentar, wenn sie erklären möchte, was man eigentlich nicht zu erklären und schon gar nicht zu rechtfertigen braucht: Emotionen. Keine Schweizer Politikerin – nicht zu reden von den Schweizer Politikern – hat je so viel geschmunzelt, gelächelt und gelacht wie Bundesrätin Leuthard. Ihr Lachen, ihre positive Energie erfreuen, berühren und motivieren.

Herz, Charme und Schalk sind bei Doris Leuthard jedoch nur ein Teil ihrer sie auszeichnenden Erfolgsfaktoren. Mindestens ebenso bedeutend sind der auf harter Arbeit, blitzschneller Auffassungsgabe und grossem Engagement basierende Wille, eine Sache mit äusserster Konsequenz zu vertreten, aber wiederum nur so konsequent, dass noch eine Mehrheit im Parlament zu finden ist. Die scheidende Bundesrätin ist bekannt als Brückenbauerin, die so lange zwischen den sich entgegenstehenden Parteien hin- und hergeht, bis eine gemeinschaftlich getragene Lösung gefunden wird. Nicht selten hat sie dabei ein Paket geschnürt, das den Interessen aller Parteien dienlich war, denn auch hier gilt: Die von allen getragene Entscheidung zum Wohl der Gemeinschaft steht im Mittelpunkt, nicht die Durchsetzung von Einzelinteressen.

Das Wichtigste aber, was Doris Leuthard – neben ihrer emotionalen Intelligenz – für die politische Arbeit qualifiziert, sind ein ausgeprägter analytischer Geist, ein hervorragendes Gedächtnis für notfalls auch schnell gelesene Dokumente sowie eine feine sensorische Wahrnehmung bezüglich der Chancen und Risiken für die Durchsetzung des eigenen Standpunkts in einer laufenden Debatte. Ihre leidenschaftlich geführten Auftritte am Rednerpult wie auch bei Ratsdebatten würzt sie – sofern es das Thema erlaubt – mit Charme und Esprit.

Doris Leuthard ist ein Naturtalent in Sachen Kommunikation und überzeugt nicht nur die Menschen in ihrem Heimatdorf Merenschwand, sondern bewegt sich ebenso überzeugend und souverän in Bern, Brüssel, Washington, Paris oder Singapur, und dies in den vier Sprachen Deutsch, Französisch, Italienisch und Englisch. In der aufgrund der späten Einführung des Frauenstimmrechts beschämend kurzen Liste von Magistratinnen im Bundeshaus ist sie die bei Weitem beliebteste. Ihr Rückhalt in der Bevölkerung ist so gross, dass sie bereits während ihrer zwölfjährigen Amtszeit im Olymp der grossen Volksvertreterinnen und -vertreter angelangt ist. Dort, wo beispielsweise der Solothurner Heizungsmonteur Willi Ritschard (1918 – 1983) sowie Adolf Ogi (*1942), der Handelsschüler aus Kandersteg, vor ihr eingezogen sind.

Ein Grund, weshalb Doris Leuthard von vielen Schweizerinnen und Schweizern so bewundert wird, ist in ihrer Herkunft zu sehen: Wie Ritschard und Ogi aus einfachen Verhältnissen stammend, hat sie sich durch überzeugende Leistungen und mit viel Engagement bis an die Staatsspitze hochgearbeitet. Allein schon aus materiellen Gründen war bei ihren Eltern und Großeltern an ein Universitätsstudium gar nicht erst zu denken. Und sie selbst wählte Jurisprudenz, um möglichst schnell fertig zu sein und beste Berufschancen sowie einen frühen und guten Verdienst sicherzustellen. Um ihre Eltern finanziell zu entlasten, arbeitete sie bereits während des Studiums.

In Anlehnung an den «American Dream» – vom Tellerwäscher zum Millionär – lebte Doris Leuthard den «Swiss Dream» vor. Jus-Studium, Rechtsanwältin, Schulrätin, Gross- bzw. Kantonsrätin, Nationalrätin, Parteipräsidentin der CVP und schliesslich Bundesrätin. Jede nächsthöhere Hürde übersprang sie scheinbar mit Leichtigkeit. In Tat und Wahrheit steckt hinter dieser Traumkarriere neben ihrem Talent, Bodenständigkeit mit visionärem Denken zu verbinden, viel Arbeit und Engagement. Die durchschnittliche Arbeitswoche eines Bundesrats hat 80 Arbeitsstunden, verteilt auf sieben Wochentage. Von zusätzlichen Stressfaktoren, denen Magistratinnen und Magistraten fast dauernd ausgesetzt sind, ganz zu schweigen. Um dies während zwölf Jahren durchzustehen, braucht es eine ausserordentliche Fitness – nicht nur körperlich, sondern auch mental.

Doris Leuthard hat viel gewagt und vieles gewonnen. Wie hat die Freiämterin dies alles geschafft, die trotz ihrer enormen Leistungen sich selbst stets treu blieb? Und wie hat sie den Spagat geschafft, sich authentisch auf internationalem Parkett zu bewegen und in ihrem Heimatdorf trotzdem «öisi Doris» zu bleiben, mit der man beim Einkaufen gern ein Schwätzchen hält? Wer ist diese Frau – Doris Superstar, «öisi Doris» oder einfach nur Doris Leuthard?

Niemals in der Schweizer Geschichte kam politische Macht in einer derartigen Mischung von Scharfsinn, Charme und Schalk daher wie in der Person von Doris Leuthard. – Sie hat Massstäbe gesetzt.

Am 31. Dezember 2018 haben die Merenschwander «ihre Doris» zurück. Die übrigen Schweizer werden sie ab dem 1. Januar 2019 vermissen.

Werner Vogt, im November 2018

Familienausflug nach Walchwil 1977:
vorne v. l. n. r.: Maurus, Fabian, Thomas, Vater
Leonz, hinten Mutter Ruth und Doris.

Die Tochter und Schwester

Ihre Eltern waren für Doris Leuthard immer da. Und ihre drei Brüder ihre erste grosse Herausforderung.

Als Doris Leuthard am [illegible] 1963 im Dorf Meren- [illegible] ren wurde, war das [illegible] er Eheleute Leonz und Ruth perfekt. Dass ihre Tochter es in ihrer Kindheit und Jugend einmal besser haben sollte als ihre Eltern, dafür hatten beide unabhängig voneinander hart gearbeitet.

Zu der Zeit, in der Doris Leuthards Vater aufwuchs, waren im aargauischen Reusstal, wie in vielen anderen Orten in der Schweiz auch, kinderreiche Familien von acht oder mehr Kindern nicht die Ausnahme, sondern die Regel. Dies führte dazu, dass bei der überwiegenden Mehrheit der ländlichen Bevölkerung während der ersten Hälfte des 20. Jahrhunderts sehr einfache Verhältnisse bis hin zur völligen Armut herrschten. Als Mitinhaber des Baugeschäfts Leuthard, das kürzlich 100 Jahre alt geworden ist, stand die Familie von Leonz Leuthard – die Großelterngeneration – zunächst relativ gut da. Doch der frühe Tod des Vaters änderte die Situation: Leonz Leuthard und seine Geschwister konnten gar nicht erst an eine höhere, geschweige denn universitäre Ausbildung denken. Möglichst schnell ins Erwerbsleben einsteigen, arbeiten und Geld verdienen, war hier angesagt.

Für Vater Leuthard hiess es: Schnell ins Erwerbsleben einsteigen, arbeiten, Geld verdienen.

Auch mit 86 Jahren strotzt Doris Leuthards Mutter noch vor Lebenskraft.

Ein wenig glücklicher verlief die Kindheit und Jugend von Doris Leuthards Mutter Ruth. Die heute 86-jährige Frau strotzt noch heute vor Lebenskraft, Energie und einer gehörigen Dosis Humor und Schalk. Den roten Alarmknopf für ältere Menschen trägt sie «nur zur Beruhigung der Kinder», nicht etwa, weil sie ihn brauche. Eine temperamentvolle, rüstige und gewitzte alte Dame.

Ruth Leuthard wuchs in einem soliden bäuerlichen Milieu auf. Daneben hatte der Vater eine kleine Fuhrhalterei, in der sie ebenfalls arbeitete. So lernte sie bereits früh nicht nur bäuerliche Tätigkeiten wie Äpfel pflücken oder Heuen, sondern wusste auch, wie man Pferde anspannt und mit dem Gespann eine Lieferung ausführt.

Zudem hatte ihr der Vater schon in jungen Jahren eingeschärft, dass sie in den beschäftigungsarmen Wintermonaten anderswo ein Zugeld verdienen müsse, was sie dann mit verschiedensten temporären Anstellungen in ländlichen Gastwirtschaften sowie in nobleren Häusern auch tat. Ihre grosse Stunde kam indes, als sie das Angebot erhielt, mit ihrer Schwester zusammen das Restaurant «Zum Wilden Mann» in Sarmenstorf zu übernehmen. Die beiden Frauen verdoppelten in Rekordzeit den Umsatz der Gastwirtschaft. Zum einen, weil sie ihr Handwerk beherrschten, das heisst eine gute Küche und allgemein eine legendäre Gastlichkeit anboten. Dazu kam, dass die Schwestern «Beichtmütter» für das halbe Dorf waren beziehungsweise «die dargebotene Hand» für all die armen Kerle, die Liebeskummer oder Schlimmeres zu verdauen hatten.

Die einstige Wirtin Ruth Leuthard in ihrer Küche.

Das Tavernenschild des Gasthofs «Zum Wilden Mann» in Sarmenstorf hängt auch heute noch über dem Eingang.

Im «Wilden Mann» wurde des Öfteren wohl auch kräftig gefeiert: «Einmal», so erzählt Ruth Leuthard, «hatte ein Gast einen derart hohen Pegelstand, dass wir ihn zuerst in den Sattel seines Pferdes hieven und ihn dann noch festzurren mussten, weil wir nicht wollten, dass er auf dem Weg nach Hause von seiner Mähre fiel. Anderntags meldete er sich dankend. Er sei – dem GPS des Pferdes sei Dank – wohlbehalten um drei Uhr morgens auf dem Hof angekommen.» Schon bald hiess es bei den Sarmenstorfern denn auch, sie würden noch auf ein Glas oder zwei zu den «Wilden Frauen» gehen. Besonders wild, so Doris Leuthards Mutter mit einem breiten Lachen, sei es natürlich zur Fasnachtszeit zu- und hergegangen. Um den entsetzten Pfarrer zu beruhigen und «die Kirche im Dorf zu lassen», musste durchaus auch schon mal die etwas freizügige Dekoration wieder abgenommen werden.

Das Wirten war Ruth Leuthards Passion und sie dachte darüber nach, mit ihrer Schwester zusammen nach dem «Wilden Mann» eine zweite Gaststätte in der Aargauer Kleinstadt Brugg auf Vordermann zu bringen. So war sie sich zunächst gar nicht sicher, ob sie dem Werben ihres späteren Mannes Leonz nachgeben soll. Nach Rücksprache mit einigen Vertrauenspersonen aus ihrem Umfeld entschied sie sich aber doch – zu Leonz Leuthards grosser Freude – für die Eheschliessung und Familiengründung. Und dies hiess damals für sie automatisch und zwingend, das Wirten an den Nagel zu hängen.

Die Schwestern waren «Beichtmütter» für das halbe Dorf und für all die armen Kerle, die Liebeskummer zu verdauen hatten.

Anhand dieser Vorgeschichte kann man sich gut vorstellen, dass Doris Leuthard eine ganze Reihe von Eigenschaften von ihrer Mutter gleichsam mit den Genen vererbt bekommen hat: Ein gesundes Selbstvertrauen und das Bewusstsein für die Bedeutung der eigenen Berufsarbeit als Frau, eine überdurchschnittliche emotionale Intelligenz und damit verbunden eine Empathie für all diejenigen, die nicht auf der Sonnenseite des Lebens stehen, sowie eine ausgeprägte Frohnatur. So kann Bundesrätin Leuthard auf offiziellen Auslandreisen bzw. Staatsbesuchen mit einem streng getakteten Tagesablauf ausnahmsweise auch einmal

Das Wort «christlich» stand beim Vater nicht nur im Parteibuch. Es wurde im Alltag gelebt.

Die Pfarrkirche St. Vitus in Merenschwand.

mit ihrem Mitarbeiterstab einen Schlummerbecher bis weit nach Mitternacht geniessen.

Der Gemeindeschreiber in einem Schweizer Dorf ist oft der ungekrönte König. Im Gegensatz zum Gemeindeammann (Aargauer Sprachgebrauch für Gemeindepräsident) kennt er die Bevölkerung in- und auswendig und ist à jour im Wissen um jedes noch so komplizierte

Die 1. Klasse der Primarschule Merenschwand beim Blockflötenspiel. Doris sitzt in der hinteren Reihe als Zweite von links.

Geschäft. Dies war auch bei Leonz Leuthard der Fall und er setzte es auf seine Weise um: Er verstand sein Wissen immer als Lebensaufgabe, all jenen zu helfen, die sich selber nicht so gut helfen konnten. Etwa mit der Krankenkasse oder in Amtsangelegenheiten beim Bezirk oder Kanton.

Dazu war Doris Leuthards Vater im Lauf seiner Berufskarriere Amtsvormund von zwei Dutzend Mündeln, die mit ihren Problemen nicht immer in die Amtsstube kamen, sondern lieber am Samstag oder Sonntag bei den Leuthards privat Hilfe suchten. Und dabei gab es neben dem «Seelenwärmer» auch einen «Bauchwärmer»: «Wir liessen diese Menschen nie ohne ein Stück Brot und eine warme Suppe gehen», erzählt Ruth Leuthard. Mit dieser

Die Damenriege des TV Merenschwand; Doris stehend in der mittleren Reihe als Zweite von rechts.

sozialen Ausrichtung war es kein Wunder, dass Leonz Leuthard eines Tages von der Konservativ-Christlichsozialen Volkspartei (früherer Name der CVP, der Christlichen Volkspartei) rekrutiert wurde. Fast 20 Jahre lang war er für die CVP im Grossen Rat des Kantons Aargau, wie der Kantonsrat dort genannt wird.

Das Wort «christlich» stand bei ihm nicht nur im Parteibuch. Vielmehr wurde es gelebt, im Alltag ebenso wie zu christlichen Festen. So assen beispielsweise zu Weihnachten neben den Eltern, den vier Kindern und der Grossmutter oft auch Leute mit am grossen Familientisch, die menschliche Wärme und ein gutes Essen noch viel dringender brauchten als die Familie selbst. Wenn also Doris Leuthard später die CVP der Freisinnig-Demokratischen Partei der Schweiz (FDP) vorzog, so unter anderem deshalb, weil das Christliche und Soziale Teil ihrer DNA war und sie diesen Aspekt von frühester Kindheit an vorgelebt bekommen hat.

Doris Leuthard ist ein ausgesprochener Familienmensch, was sich nicht zuletzt an ihrem engen Verhältnis zu ihrer Mutter, die direkt neben ihr wohnt, widerspiegelt. Wenn sie von ihren Eltern erzählt, so sagt sie nicht «mein Vater» oder «meine Mutter», sondern «de Vati» und «s'Mami» oder «s'Mueti» – damit ist schon viel über die Nähe innerhalb der Beziehung ausgedrückt. Und genauso nahe wie ihrer Mutter stand Doris Leuthard auch ihrem Vater Leonz, der im Januar 2015 mit 90 Jahren verstorben ist.
Obwohl Ruth Leuthard auch mit ihren drei Söhnen ein enges Verhältnis hat, ist die engste Bindung der Mutter diejenige zu ihrer Tochter: «Eine Tochter spürt eben noch viel besser, was ihre Mutter braucht, als ein Sohn», meint sie mit Nachdruck. «Wir können genauso gut zusammen lachen, wie wir zusammen weinen können.»

Am Aufregendsten an der ganzen Bundesratszeit waren für Ruth Leuthard die Staatsbesuche und offiziellen Reisen, auf denen sie ihre Tochter in deren Rolle als Bundesrätin oder gar Bundespräsidentin dann und wann begleiten durfte. Ein ganz besonderer Moment war für die gläubige Katholikin und fleissige Kirchgängerin dabei der Besuch beim Heiligen Vater. Papst Franziskus sagte zu Ruth Leuthard, sie könne stolz sein auf ihre Tochter – was sie mit grosser Freude erfüllt hat.

Doris Leuthard ist ein ausgesprochener Familienmensch. Ihre Mutter wohnt direkt neben ihr.

Auf dem grossen Esstisch in der ebenso einfachen wie gemütlichen Stube liegt ein ganzer Stapel von Fotobüchern, die Doris Leuthard auf ihren Reisen im zweiten Präsidialjahr (2017) in aller Herren Länder zeigen. «Sie hat nicht einmal Zeit, diese in Ruhe anzuschauen», erzählt ihre Mutter und bekräftigt, wie froh sie sei, dass Doris vom Bundesrat zurücktrete.
Eigentlich wollte Doris Leuthard am Morgen ihrer Rücktrittsankündigung die Mutter telefonisch vorwarnen. Die Verbindung kam jedoch nicht zustande, weil Ruth Leuthards Telefon besetzt war. Kaum hatte ihre Tochter die Nachricht verbreitet, läutete der Apparat Sturm. Die lokale, aber auch die überregionale Presse wollte unbedingt mit ihr

sprechen. Ruth Leuthard sagte allen Journalisten dasselbe: Sie gehe jetzt zum Mittagessen mit Freundinnen ins Restaurant «Huwyler», danach beginne ihr Jassnachmittag. Wer also etwas von ihr wolle, solle bitte in die Gaststätte kommen. Und das mit 86 Jahren. – In der Tat eine aussergewöhnliche Frau!

Die Eltern waren für Doris Leuthard jahrzehntelang von zentraler Bedeutung und ihre Mutter ist es bis heute. Eine enge Bindung besteht aber auch zu ihren drei Brüdern Thomas (*1964), Fabian (*1966) und Maurus (*1969). Und dann gibt es noch über ein Dutzend Cousins, die in ihrer Kindheit und Jugend ebenfalls eine grosse Rolle spielten, denn bei den Eltern Leuthard herrschte am Sonntag durch Verwandtenbesuche immer Hochbetrieb. Das Zusammenspiel der Kinder verlief bei diesen sonntäglichen Familienzusammenkünften allerdings nicht immer nur harmonisch. Doris wurde von den Brüdern auch ab und zu in den Schopf gesperrt, während diese Fussball spielten, oder, noch schlimmer: Man fesselte sie an einen Baum, wie es weiland bei den Indianern üblich war.

In den Sommerferien im Tessin schnappte sie nicht nur die dortige Mentalität auf, sondern lernte auch die italienische Sprache.

Sowohl auf väterlicher wie mütterlicher Seite war Doris Leuthards Familie sehr vernetzt mit ihrer Verwandtschaft. Dies erklärt unter anderem auch die guten Italienischkenntnisse der Bundesrätin: «Ein Teil meiner mütterlichen Verwandten lebt im Tessin, und als Kind verbrachte ich fast alle Sommerferien in Lugano, mit Ausflügen ans Lido oder auf den Monte Bre. Dabei schnappte ich natürlich nicht nur die dortige Mentalität auf, sondern auch die Sprache, die ich dann dank der familiären Kontakte im Verlauf der Zeit noch vertiefen konnte.»

Alle vier Kinder mussten zu Hause im Garten und in der Küche helfen. Und Mutter Ruth erzählt mit Stolz, dass auch ihre Söhne gut kochen könnten. Vielleicht nicht ganz so gut wie Doris, für die Garten und Küche eine Passion seien. So kommt es, dass der bekannte Schweizer Journalist und Moderator Röbi Koller begeistert davon berichtet, wie er im Rahmen seiner Serie «So kochen Prominente» von Doris Leuthard bekocht wurde und sie bei der Zubereitung des hervorragend schmeckenden Gerichts ihre Küche immer perfekt in Ordnung gehalten habe.

Doris Leuthard liebt ihren Garten und kocht gerne selbst gezogenes Gemüse.

Die kindlichen Reibereien waren offensichtlich längst vergessen, als sowohl Doris wie ihr mittlerer Bruder Fabian während ihres Studiums in Zürich eine Wohngemeinschaft in der Nähe des Letzigrund Stadions gründeten. In dieser Zeit arbeiteten laut Fabian Leuthard sowohl er wie auch seine Schwester noch zusätzlich, um einen Teil der Lebenshaltungskosten selber zu bestreiten. Beide wollten den väterlichen Geldbeutel nicht übermässig belasten. Als Studierende waren die Geschwister Leuthard, wie fast alle Bündner und Ticinesi an der Universität und ETH Zürich, typische Wochenaufenthalter: Man kam am Montag mit

Familienausflug im Maturajahr 1992 ins Hotel Beau Rivage in Weggis, wo Mama Ruth vor vielen Jahren gearbeitet hatte. V. l. n. r.: Fabian, Thomas, Doris, Maurus, Ruth und Leonz.

der frisch gefüllten Wäschetasche und reiste am Freitag mit der gebrauchten Wäsche wieder zurück – nach Merenschwand.

Wie der diplomierte Chemiker ausführt, sind die drei Brüder ausserordentlich stolz auf das, was ihre Schwester Doris erreicht hat. Es gibt allerdings auch die Kehrseite der Medaille. Sicher musste er sich schon allerhand dumme Sprüche anhören, als Doris Leuthard im Nationalratswahlkampf Duschgel-Beutel mit der Aufschrift «Erfrischender Aargau» verteilen liess. Erst recht mit der Ruhe vorbei war es jedoch von dem Moment an, in dem die Schwester in den Bundesrat gewählt wurde. Noch harmlos sind Fragen wie: «Ja, sind Sie denn etwa der Bruder von Bundesrätin Leuthard?», gefolgt von einem andächtigen Nicken und einem «Oh-aha».

Mühsamer sind, wie Fabian Leuthard ausführt, all jene Hobbypolitiker auf Stammtisch-Niveau, die über ihn ihre Meinungen und Standpunkte an seine Schwester ausrichten lassen wollen. Doch auch dabei relativiert er wieder: «Da mich nur wenige Leute als Bruder der Bundesrätin erkennen, habe ich noch ein Privatleben, wenn ich in der Öffentlichkeit bin. Mit Doris will hingegen jeder reden. Das geht ja noch im Dorf, wo sie auch fast jeden kennt. Aber es ist auch nicht anders, wenn sie nach Zug zum Einkaufen geht.»

Spätestens als die Schwester in den Bundesrat gewählt wurde, war es auch für die Brüder mit der Ruhe vorbei.

2010: Doris Leuthard und Roland Hausin am Zoofäscht in Zürich.

Die Königin und der stille Prinz

Seit 1979 ist Doris Leuthard mit Roland Hausin liiert, Silvester 1999 heirateten die beiden. Ein Mann, der ihr die Bühne überlässt.

So kommunikativ Doris Leuthard in ihrem Beruf ist und sein muss, so diskret und verschwiegen ist ihr Ehemann Roland Hausin. Um seine Frau zu unterstützen, versandte er im Vorfeld von Doris Leuthards Wahl in den Bundesrat einen ausführlichen Lebenslauf an die Presse. Mit Ausnahme von einigen wenigen Bemerkungen anlässlich sozialer Veranstaltungen mit Pressebeteiligung blieb er danach den Medien gegenüber still – bis heute.

Roland Hausin wurde 1960 als Kind einer Arbeiterfamilie in Anglikon geboren, einem kleinen Dorf unweit von Doris Leuthards Heimatgemeinde Merenschwand. Nach der Primarschule und der Bezirksschule (Progymnasium) absolvierte er eine Lehre als Chemielaborant und anschliessend ein Chemiestudium an der Fachhochschule Winterthur. Daran anschliessend folgten vier Jahre an der University of Calgary in Kanada. 1990 kehrte er – nunmehr mit Doktortitel in Chemie – zurück in die Schweiz, wo er eine Kaderstellung beim amerikanischen Chemiekonzern Dow Europe annahm. Alternativ dazu hatte er wohl weltweit verschiedenste Jobangebote, entschloss sich aber wegen seiner damaligen Freundin und späteren Frau zu einer Rückkehr in die Schweiz.

Mit wenigen Ausnahmen blieb der Ehemann den Medien gegenüber still – bis heute.

Doris Leuthard kannte Roland Hausin bereits seit ihrer frühen Jugendzeit; im Jahr 1979 lernte sie ihn bei einem Discoabend in Wohlen jedoch noch näher kennen. Hausin betrieb mit Kollegen eine fliegende Disco namens Raven. Neben verschiedensten Stilrichtungen wurden damals auch Schmachtfetzen von Procol Harum, Moody Blues, den Bee Gees, Uriah Heep oder Bob Marley aufgelegt. Diese Romantik des Rock- und Pop-Zeitalters war auch deshalb für amouröse Anbahnungsoperationen besonders geeignet, weil die einzelnen Songs gut und gerne fünf, sechs oder sieben Minuten dauern konnten. Gerade eine Serie solcher Slows war somit die perfekte Startpiste für einen ersten Höhenflug jugendlicher Annäherung.

Die «wilde Ehe» wurde am 31.12.1999 gezähmt. Es war gleichsam die Hochzeitsnacht 2.0.

Bis Doris Leuthards Eltern aber merkten, dass zwischen Doris und Roland zarte Bande geknüpft worden waren, dauerte es noch ein Weilchen – mit der Zeit jedoch wurden diese zarten Bande verstärkt und die Beziehung gefestigt. Die nachfolgenden kanadischen Studienjahre von Roland Hausin allerdings waren für die beiden keine einfache Zeit, obwohl Doris Leuthard alle drei Monate über den Atlantik flog. Abermals einige Jahre später und nachdem das Paar eine Zeit lang zusammengelebt hatte – in «wilder Ehe», wie man es damals nannte –, bekam die Beziehung am 31. Dezember 1999 auch offiziellen Status: Die wilde Ehe wurde gezähmt und in eine rechtsgültige Verbindung umgewandelt. Diesem letzten Tag des Jahrtausends hatte die Computerbranche ja mit Schrecken entgegengesehen und Milliarden investiert, um Programmabstürze durch den sogenannten Millennium-Bug zu vermeiden. Auch für die frischgebackenen Eheleute hatte

Roland Hausin und Doris Leuthard unterzeichnen am letzten Tag des Jahrtausends die Hochzeitsurkunde auf dem Standesamt in Merenschwand.

dieser in jeder Hinsicht besondere Jahreswechsel seine Folgen: Roland Hausin war als Projektleiter für einen reibungslosen Übergang der Computersysteme ins nächste Jahr und Jahrhundert auf Pikett – mit anderen Worten: Gefeiert wurde später. Es war gleichsam die Hochzeitsnacht 2.0.

Mit Politik hatte Roland Hausin zunächst wenig am Hut, ja die Begeisterung hielt sich sozusagen in engen Grenzen, denn wer etwas erreichen, wer in den Nationalrat gewählt werden will, zahlt einen hohen Preis dafür: Hunderte von Abenden, die man bei Veranstaltungen und Sitzungen verbringt und Tausende von Kilometern, die man auf den Strassen seines Kantons abspult. Hat man seinen Fuss erst einmal in den Nationalratssaal gesetzt, so wird die Latte des persönlichen zeitlichen Aufwands nochmals deutlich höher gelegt. Hausin hatte somit aus zwei Gründen eine gesunde Distanz zum politischen Engagement seiner Frau: Zum einen, weil er von Haus aus nicht sonderlich an Politik interessiert war, und zum anderen, weil er an all diesen Tagen und Abenden auf seine Frau verzichten musste.

Vor der Bundesratswahl 2006 sprach Roland Hausin – als grosse Ausnahme – ausführlich mit dem Freiämter Lokalblatt «Der Freischütz». Die «Aargauer Zeitung» übertrug dieses Gespräch für ein breiteres Lesepublikum: Zunächst habe er, so Hausin, die Begleitung seiner Frau zu politischen Anlässen auf fünf Abende pro

Am Bundesfeiertag 2013 ist Doris Leuthard mit ihrem Mann unterwegs zu den Alpe Campo della Torba, wo sie die 1. August-Ansprache halten wird.

Jahr limitiert. Als er gemerkt habe, dass sie darunter litt, immer alleine zu Veranstaltungen zu gehen, bei denen die meisten Kollegen und Kolleginnen «zu zweit» erschienen, habe er dieses Kontingent sukzessive erhöht.

Des Weiteren, so erzählt Roland Hausin, habe er Doris Leuthard im Jahr 1999 bei der Wahl in den Nationalrat versprochen, ihr härtester Kritiker zu sein. «Das ist natürlich im konstruktiven Sinn gemeint», fügte der Chemiker im «Freischütz» hinzu. Außerdem wolle er darauf achten, dass Doris Leuthard an ihrem Engagement nicht kaputt gehe. Und zweitens werde er aufpassen, dass sie realistisch bleibe. «Wenn Doris mal abheben sollte, hole ich sie auf den Boden zurück.» In den ehelichen Diskussionen übernehme er deshalb die Rolle des aussenstehenden Bürgers, welcher der Politikerin die nötige Rückmeldung für ihre Arbeit gebe. Dem «SonntagsBlick» sagte Roland Hausin: «Heute unterstütze ich sie uneingeschränkt, damit sie ihre Ziele erreichen kann. Wenn Doris es wünscht, werde ich sie begleiten.» Dabei gibt er offen zu: «Ich bin kein Gesellschaftstiger.» Die beiden haben ein System entwickelt: Sie sagt ihm anhand einer Skala von eins bis zehn jeweils, wie wichtig ihr seine Begleitung ist. Bei acht, neun oder zehn geht er mit.

Im Jahr 2014 schrieb der «SonntagsBlick» über den Ehemann der Bundesrätin: «Ein Strahlemann ist Roland Hausin (54) nicht unbedingt – eher zurückhaltend nimmt der promovierte Chemiker seine Pflichten an der Seite von CVP-Bundesrätin Doris Leuthard (51) wahr. Zwischendurch bringt er schon mal das Protokoll durcheinander. Bei Staatsbesuchen im Präsidialjahr von Leuthard 2010 wollte er sich partout nicht von seinem Rucksack trennen, was die diplomatische Entourage immer wieder ins Rotieren brachte. Lobend meinte Leuthard Ende 2010: ‹Er nahm alle seine Ferien, um mich auf meinen Auslandsreisen zu begleiten.›»

Roland Hausin ist im Übrigen keine Ausnahme unter den Bundesratsgatten und -gattinnen. Von den Partnern und Partnerinnen des ersten Bundesratskollegiums, in das Doris Leuthard hineingewählt wurde, hatte einzig Silvia Blocher ein eigenes Profil in den Medien. Der Gatte von Micheline Calmy-Rey sowie die Frauen von Pascal Couchepin, Moritz Leuenberger, Hans-Rudolf Merz und Samuel Schmid zogen es ebenfalls vor, möglichst wenig in der Presse in Erscheinung zu treten.

Die bald 40 Jahre währende Beziehung und spätere Ehe zwischen Doris Leuthard und Roland Hausin kann durchaus als Power-Couple mit einer sehr selbständigen Aufstellung beider Ehepartner interpretiert werden. Nicht nur die Bundesrätin ist ständig in Bern oder auf Reisen, auch ihr Mann reist geschäftlich sehr viel – mindestens 50 Tage pro Jahr.

Roland Hausin: «Ich bin kein Gesellschaftstiger.»

Doris Leuthard und Roland Hausin an der Hochzeit von Florence Carron und Christophe Darbellay. Kathedrale Sion, 5. Juli 2008.

Die Bundesrätinnen Eveline Widmer-Schlumpf (ganz links) sowie Doris Leuthard mit ihrem Mann Roland Hausin und Bundesrat Didier Burkhalter mit seiner Frau Friedrun Sabine vor dem Staatsbankett für das spanische Königspaar im Berner Hotel Bellevue Palace.

Eine herbe Enttäuschung musste das Ehepaar allerdings einstecken, als der gemeinsame Kinderwunsch nicht in Erfüllung ging. Besonders für Doris Leuthard musste dies eine bittere Erfahrung gewesen sein, denn sie ist der Familienmensch par excellence. Neben einer starken Bindung zu beiden Elternteilen hat sie auch eine für sie sehr wichtige enge Beziehung zu ihren Brüdern. Und ihr Studium sowie ihren ursprünglichen Beruf als Rechtsanwältin hatte sie extra so gewählt, dass sie Familie und Arbeit hätte kombinieren können.

Nach über zwölf Jahren im Bundesrat reflektiert Doris Leuthard die Vereinbarkeit von höchster politischer Karriere und einer Mutterschaft mit Kleinkindern oder Jugendlichen wie folgt:

«Ich für mich persönlich hätte nie das Amt einer Bundesrätin angestrebt, wenn ich zur gleichen Zeit in einer Mutterrolle mit kleinen Kindern gewesen wäre. Und wenn ich hier das Beispiel meines Bundesratskollegen Alain Berset heranziehen darf, dann bin ich immer noch der Überzeugung, dass er dieses Amt und das damit verbundene Pensum nur deswegen erfolgreich ausüben kann, weil seine Frau bereit ist, die meisten Pflichten und Arbeiten im Zusammenhang mit der Kinderbetreuung und -erziehung zu übernehmen.

Sicher hätte mein Mann auch seinen Teil zur Kinderbetreuung beigesteuert, aber ich habe sein Bedürfnis, eine eigene berufliche Karriere zu verfolgen, immer unterstützt, genauso, wie er das in meinem Fall auch tat. Wäre ich Anwältin geblieben, hätte ich problemlos auf ein Teilzeitmodell zurückgreifen können. Aber dies war bei uns ja nicht eine Frage des Modells – ich wurde nicht schwanger... Als Bundesrat steht einem diese Möglichkeit [der Teilzeit] nicht zur Verfügung, denn das Amt verlangt eine hundertprozentige Hingabe.

Es hätte auch meinem Verständnis der Rolle einer Mutter widersprochen, wenn ich meinen Kindern nicht die nötige Aufmerksamkeit hätte zuwenden können. Das heisst aber nicht, dass ich der Meinung bin, Mütter sollten keine beruflichen Ambitionen pflegen, im Gegenteil. Ich rate jeder Frau, ihre Verbindungen ins Berufsleben aufrecht zu halten, denn eine berufliche Betätigung ausserhalb der Familie ist erstens bereichernd, zweitens wichtig für allfällige Lebensrisiken wie eine Trennung und Scheidung, und drittens das Recht jeder Frau, sich mit dem Partner eine Rollenteilung zu organisieren und die eigenen Bedürfnisse zu artikulieren und zu realisieren.»

Sie hätte nie das Amt einer Bundesrätin angestrebt, wenn sie gleichzeitig kleine Kinder gehabt hätte.

Doris Leuthard pflegt viele Kochstile – von der einfachen, gutbürgerlichen Küche bis zu chinesischen Gerichten.

Die Merenschwanderin

Doris Leuthards Wurzeln sind tief verankert im Freiamt. – Eine Spurensuche.

Die Reuss ist im Kanton Aargau, wo alle Flüsse zusammenkommen, die schlussendlich in die Nordsee fliessen – wie Rhein, Aare, Reuss und Limmat –, der wildeste. Die Anwohner würden, völlig objektiv natürlich, auch sagen: der schönste. Ganz abgesehen davon hat die Aussicht auf die nahen Wiesen, Äcker und Wälder, auf die Rigi, weitere Innerschweizer Berge und die Glarner Alpen schon viel für sich. Aber es ist wohl die Kombination von all den Menschen, die Doris Leuthard am allerwichtigsten sind, sowie die Ruhe der Flusslandschaft, die sie immer hier gehalten haben. Die Studienaufenthalte in Paris und Kanada änderten daran ebenfalls nichts.

Hier sind die Familienbande, hier sind alte Freundschaften von Mitschülerinnen und Turnkameradinnen, die auch nach Jahrzehnten noch halten, obwohl sie lange nicht wirklich gepflegt werden konnten. Ein Beispiel: Als Doris Leuthard Ende 2016 in ihrem Heimatdorf ein Fest zur Feier ihrer zweiten Bundespräsidentschaft ausrichtete, bedurfte es nur weniger Telefonate und Mails, und drei Dutzend Turnerinnen von der Damenriege, zu der Doris Leuthard auch gehört hatte, standen bereit zum Service beim Abendessen. So etwas macht man nicht für irgendjemand, sondern

Im Heimatdorf halten die Freundschaften, obwohl sie lange nicht gepflegt werden konnten.

Das Haus von Doris Leuthard und Roland Hausin in Merenschwand.

nur für eine Person, die aus dem gleichen Holz geschnitzt ist wie man selbst und dies nie vergessen hat. Für «öisi Doris» – unsere Doris, wie sie hier jeder nennt.

Als Roger Schawinski sie «Doris Superstar» nennt, widerspricht sie umgehend und entschieden.

Es ist ein bodenständiger und herzlicher Schlag von Menschen, die hier im tiefen Freiamt wohnen, Menschen mit einer natürlichen Bescheidenheit. Und irgendwo hat Doris Leuthard viel von dieser Bescheidenheit behalten. Stehende Ovationen, wie etwa bei der CVP-Delegiertenversammlung nach ihrer Rücktrittserklärung, versucht sie möglichst schnell abzuwinken, und als Roger Schawinski sie als «Doris Superstar» bezeichnet, widerspricht sie umgehend und entschieden.

Welche Bedeutung die Familie Leuthard im Dorf hat, erklärt der Gründer und Leiter des Ortsmuseums im Postlonzihus, Bruno Käppeli. Der pensionierte Metallfacharbeiter ist ein wandelndes Lexikon. Seit fünf Jahrzehnten sammelt er alte Fotos, Filme und Exponate jeglicher Art, die die Dorfgeschichte von Merenschwand dokumentieren. Dass heute ein blühendes Gewerbe im Dorf existiert, sodass Merenschwand nicht nur eine Gemeinde von Pendlern nach Zürich, Zug und Luzern ist, dies ist nicht ausschliesslich, aber sehr substanziell ein Verdienst von Doris Leuthards verstorbenem

Vater Leonz: «Ein überaus tüchtiger Mann», sagt Käppeli. Der ehemalige Gemeindeschreiber habe bei der Güterregulierung eine Schlüsselrolle gespielt, ohne die das Gewerbe sich niemals in der Art hätte entwickeln können, wie es schliesslich der Fall war.

Nach wie vor ist das Dorf durch eine reiche Vereinslandschaft geprägt. Alteingesessene wie Neuzuzüger können sich in über drei Dutzend Parteien und Vereinen engagieren. Als begeisterte Turner waren die Leuthards im Turnverein aktiv, in dem der Vater sogar als Ehrenmitglied verzeichnet war. Kein Wunder also, dass ihm seine Tochter nachfolgte und ebenfalls in den Turndress stieg. Rita Fischer, die mit Doris Leuthard schon in der Jugendriege war, schildert ihre ehemalige Clubkollegin als recht gut talentierte Allrounderin, die sowohl in der Gymnastik als auch an verschiedenen Geräten, wie etwa dem Barren, eine gute Figur machte.

Ebenso gerne erinnert sich Claudia Dober an die gemeinsame Zeit im Turnverein mit Doris Leuthard. Das Charisma liege bei ihr in den Genen, sie sei offen gewesen und habe über natürliche Führungsbegabung verfügt. So ist es nur schlüssig, dass sie als Präsidentin des Turnvereins ihre erste grosse Führungserfahrung sammeln konnte. Das Turnen sowie das Engagement im Turnverein musste die heutige Bundesrätin jedoch schon ziemlich zu Beginn ihrer politischen Karriere aufgeben – als sie in den Grossrat (Kantonsrat) des Kantons Aargau gewählt wurde. Auch Milly Stöckli, die als SVP-Grossrätin bei verschiedenen Podien nicht immer einig war mit Doris Leuthard, äußert sich sehr positiv über die gemeinsame Zeit in der Damenriege, wo Politik sowieso nichts verloren gehabt habe. Umso schöner sind die Erinnerungen an die gemeinsame Zeit im Training, bei regionalen, kantonalen und sogar eidgenössischen Turnfesten. Die beiden waren über Jahre ein Paar bei Gymnastikübungen, und im Ortsmuseum ist sogar ein gemeinsamer Rock 'n' Roll filmisch dokumentiert. Mit etwas Selbstironie sagt Milly Stöckli, dass Doris Leuthard, genau

Das Turnen ging Doris Leuthard sportlich entspannt und keinesfalls mit tierischem Ernst an.

In den 1990er-Jahren ist Doris Leuthard Präsidentin und Mitglied der Damenriege Merenschwand. Am Barren zeigt sie hier vollen Einsatz.

Bundespräsident Johann Schneider-Ammann begleitet Doris Leuthard
zur Feier ihres zweiten Präsidialjahres in ihren Heimatort Merenschwand,
wo sie von der Bevölkerung herzlich begrüsst wird.

wie sie selbst, das Turnen sportlich entspannt, aber sicher nicht mit tierischem Ernst angegangen sei. Man habe weder die Ambitionen noch das Können gehabt, um sportlich in die Elite vorzustossen. Beide waren übrigens im sogenannten Grottino Grüppli, einer Gruppe von Turnfreundinnen, die die jährliche Tradition von zweitägigen Reisen pflegte. Der Höhepunkt dieser Reisetätigkeit sei natürlich schon eine Reise nach Bern gewesen, wo sie von ihrer Bundesrätin im Von-Wattenwyl-Haus bewirtet wurden. Der Turnverein Merenschwand ist übrigens noch heute ein zentraler Pfeiler im Sozialleben des Dorfes: 265 Erwachsene und 197 Jugendliche trainieren ihre jeweilige Sportart in einer der 22 Riegen.

Interessant ist ja bei Doris Leuthard, dass sie sich mühelos und in vier Sprachen auf dem internationalen Parkett bewegt und gleichzeitig immer mit dem Freiamt verbunden geblieben ist. Sowohl in Zürich als Studentin wie auch in Bern als Bundesrätin war bzw. ist sie Wochenaufenthalterin geblieben. Das Wochenende verbrachte und verbringt sie in Merenschwand.

Wo man auch hingeht in Merenschwand – überall trifft man auf eine enorme Wertschätzung für «öisi Doris». Dass sie Bundesrätin geworden ist, dafür bewundert man sie, dass sie «eine von uns» geblieben ist, mit beiden Füssen auf dem Boden, dafür liebt man sie.

Dass sie «eine von uns» geblieben ist, mit beiden Füssen auf dem Boden, dafür liebt man sie.

Politische Diskussionen bei Stumpenrauch – so erlernte Doris Leuthard die Kunst der Debatte. Von daheim hat sie auch ihre Werte.

Ein Interview

Die Lehre in der guten Stube

Wie war Ihre Reaktion auf die Berichterstattung über Ihre Rücktrittsankündigung, in der Sie unter anderem als «Super Doris» und «Neue Helvetia» gelobt wurden?

[Doris Leuthard schüttelt erst den Kopf und lacht dann.]

‣ Niemand ist vor Eitelkeit gefeit und ich muss zugeben, dass mir das positive Echo in einem gewissen Sinn geschmeichelt hat und ich mich über diese aufmunternden Kommentare gefreut habe. Ich habe auch etliche Briefe und E-Mails von Privatpersonen erhalten, die ihr Bedauern über meinen Rücktritt ausdrückten und sich für meinen Einsatz für unser Land bedankten. Natürlich tut es mir gut zu hören, dass ich doch einigen Leuten fehlen werde, und ich erachte es als Privileg und schöne Entschädigung, dass mir aus der Bevölkerung diese Wertschätzung entgegengebracht wurde.

Vereinzelt gab es auch kritische Kommentare zu Ihrem Rücktritt, wo von «Baustellen» in gewissen Dossiers die Rede war. Wie gehen Sie damit um?

‣ Es ist ganz normal, dass aus gewissen Kreisen Kritik geübt wird. Hier ging es ja vor allem um das Mediengesetz und die Energiestrategie, bei denen der Gewerbeverband jeweils eine andere Meinung vertreten hatte oder mit der Umsetzung unzufrieden war. Beim Raumplanungsgesetz musste der Verband sogar zweimal eine Niederlage einstecken und zusammengenommen erklärt dies bis zu einem gewissen Punkt auch deren Kritik an meiner Geschäftsführung. Aber wie immer gilt es, andere Meinungen zu akzeptieren, und als Magistratin habe ich gelernt, mit Kritik möglichst nüchtern umzugehen. Ehrlich gesagt würde es mich mehr treffen, wenn man mir vorwerfen könnte, ich hätte nie zugehört oder hätte verletzende Aussagen gemacht. Aber blosse Meinungsdifferenzen gehören nun einmal zur Politik.

Würden Sie Ihre Rücktrittsankündigung rückblickend immer noch so früh bekanntgeben, denn das hat doch einige Spekulationen ausgelöst?

› Nach zehn Jahren im Bundesrat war für mich klar, dass ich keine weitere Legislaturperiode in Angriff nehmen würde. Ich war der Ansicht, dass meine Position zur Genüge bekannt war und ich mit meiner spontanen Äusserung nichts Neues in Bezug auf den Zeitpunkt meines Rücktritts enthüllen würde. Hätte ich nicht kommuniziert, hätten die Spekulationen eher im Hintergrund grassiert. Die Reaktionen habe ich allerdings unterschätzt.

Haben Sie aufgrund Ihres Geschlechts Benachteiligungen in Ihrer Karriere erfahren?

› Konkrete Benachteiligungen nicht, aber: Ganz klar wird man als Frau in der Politik kritischer betrachtet, als es bei den männlichen Kollegen der Fall ist. Aber das ist nicht nur bei der Berichterstattung durch Männer so, auch Journalistinnen zeigen diese Tendenz, meistens sogar noch etwas ausgeprägter. So wird zum Beispiel von Frauen öfter und ausgeprägter das Aussehen kommentiert; Garderobe und Frisur werden unter die Lupe genommen, was bei Männern doch eher selten vorkommt.

Als Benachteiligung im eigentlichen Sinn würde ich dies aber nicht bezeichnen, viel eher als ungleiche Behandlung. Bei Fragen zu meinen Fachgebieten als Bundesrätin und Departementschefin habe ich schon das Gefühl, dass ich mich manchmal etwas mehr behaupten und meine Sachkenntnis unter Beweis stellen muss als meine Kollegen. Dieser Druck lastet aber nicht nur auf Frauen in der Politik. Die gleiche Situation herrscht in der Wirtschaft und der Wissenschaft, wo sich Frauen auch öfter beweisen müssen.

Auf meine ganz persönliche Situation bezogen stelle ich fest, dass ich eher Vorteile aus meinem Frau-Sein ziehen und von der Frauenförderung in der Politik profitieren konnte. Meines Wissens wurde mir nie ein männlicher Kandidat vorgezogen und mir standen immer sämtliche Türen offen, gerade weil ich als Frau die an mich gestellten Erwartungen erfüllen konnte.

Eher ins Gebiet der kulturellen Geschlechterdiskriminierung gehört meine Erfahrung mit Männern aus anderen Kulturkreisen, z. B. einem iranischen Regierungsvertreter, der mir nicht die Hand geben wollte. Das war aber weniger als Ausdruck mangelnder Wertschätzung gegenüber meinem Amt zu verstehen, sondern vielmehr als Ausdruck einer völlig unterschiedlichen Rolle der Frau in seiner Gesellschaft. Erfahrungen dieser Art macht man als Bundesrätin und mehr als alles andere werfen sie ein kritisches Licht auf die gesellschaftliche Realität der Frauen im jeweiligen Kulturkreis.

Nach Ihrer Wahl in den Bundesrat wurden Sie mit allerlei Fragen überhäuft, die zum Teil äusserst persönlicher Natur waren. Sehen Sie sich immer noch solchen Respektlosigkeiten ausgesetzt?

› Damals wurde vor allem meine Kinderlosigkeit immer wieder thematisiert, ähnlich wie heute bei Frau Keller-Suter. Klar kann man sich nun fragen, was Familienplanung mit der Fähigkeit, ein Bundesratsmandat auszuüben, zu tun hat oder ob es sich dabei einfach nur um reisserische Berichterstattung mit einem Hang ins Unseriöse handelt. Jedenfalls scheint die Frage nach der Vereinbarkeit der traditionellen Mutterrolle mit derjenigen einer politischen Führungsfunktion die Leute nach wie vor zu beschäftigen. Es ist symptomatisch für unsere Gesellschaft, dass die gleiche Frage meinem Bundesratskollegen Guy Parmelin ziemlich sicher nicht gestellt wurde, obwohl auch er kinderlos ist.

Wie dem auch sei, sowohl Frau Keller-Suter wie auch ich haben uns die Kinderlosigkeit offenbar nicht ausgesucht und damit war für mich das Thema erledigt. Mittlerweile werde ich eigentlich nicht mehr mit solch persönlichen Fragen konfrontiert, aber nach meinem Amtsantritt musste ich mir bei den Medien schon so etwas wie Respekt verschaffen, indem ich den Journalisten klarmachte, dass gewisse persönliche Dinge nicht für die Öffentlichkeit bestimmt sind. Meiner Erfahrung nach muss man sich als Magistratin den Respekt der Presse härter verdienen, als das bei den Männern der Fall ist.

Wurde Ihnen das Politisieren in die Wiege gelegt?

‣ In der Tat war für mich das Politisieren, also der Umgang mit politischen Themen, von klein auf ein fester Bestandteil des Familienlebens. Mein Vater engagierte sich ein Leben lang in der Politik und für die Gemeinschaft, was ihm auch diverse Mandate, sowohl in der Gemeinde wie auch auf kantonaler Ebene, einbrachte. Da die Grossmutter noch im selben Haushalt mit uns lebte, kamen oft Vaters Brüder zu Besuch; alles engagierte und an Tagesthemen interessierte Leute. Nach dem Mittagstisch wurde dann jeweils lebhaft und unter heftigem Stumpenrauch das aktuelle Geschehen diskutiert, sodass das Politisieren inklusive Streitgespräche führen von mir bereits als Kind als ganz normale Verhaltensmuster betrachtet wurden. Das Elternhaus prägte ganz klar mein Interesse an der Politik und vor allem von meinem Vater konnte ich in dieser Hinsicht bis zum Schluss [bis zu seinem Tod] sehr viel lernen.
Nach dem Studium zog ich aus Zürich zurück ins Freiamt und war im Bezirksschulrat tätig. Dies war mein erstes politisches Amt. Als ich 1996 von der CVP des Bezirks Muri angefragt wurde, für den Grossrat (Kantonsrat im Kanton Aargau) zu kandidieren, willigte ich ohne grossen Enthusiasmus ein, aber unter der Bedingung, mich auf den letzten Platz der Wahlliste zu setzen. Damals waren ja fast alle Parteien darauf bedacht, ihren Frauenanteil zu erhöhen und – sehr zu meinem Erstaunen – führte diese Ausgangslage dazu, dass ich trotz des letzten Listenplatzes gewählt wurde.

Welche politischen Schwerpunkte setzte Ihr Vater als Grossrat?

‣ Er war eigentlich ein typischer Arbeitnehmervertreter. Er kam aus bescheidenen Verhältnissen, und im elterlichen Haushalt, wo er zusammen mit sechs Geschwistern aufwuchs, war Geld nie im Überfluss vorhanden. Er konnte sich aus wirtschaftlichen Gründen keine höhere Ausbildung aneignen und musste gleich nach Schulabschluss in der Familie mithelfen, Geld zu verdienen. Dies prägte sicher auch seine politischen Denkmuster, die er später als CVP-Grossrat in die Tat umzusetzen versuchte.

Nun war er gewiss kein Gewerkschafter, aber eine soziale Ader bewies er bereits als Gemeindeschreiber, wo er etlichen Mitbürgern unter die Arme griff, indem er ihnen dank seiner Kenntnis der Sozialwerke einen Ausweg oder gar eine Lösung ihres jeweiligen Problems aufzeigen konnte.
Im Zusammenhang mit der Korrektur des Reussverlaufs (Reussmelioration) in der Gemeinde Merenschwand (AG) war es ihm auch sehr wichtig, dass den Bauern und Landbesitzern eine vernünftige und akzeptable Alternative angeboten wurde, denn vor allem die (Zwangs-)Umsiedlungen bedingten von den Betroffenen und den Behörden ja immer die Bereitschaft zu einem sehr heiklen Kompromiss, und die Natur sollte dabei ja auch nicht zu kurz kommen.

Welche Wertvorstellungen/welches Wertesystem bekamen Sie von Ihrem familiären Umfeld mit auf den Lebensweg?

‣ Ich denke, Offenheit war ein prägendes Merkmal meines Elternhauses, in dem viele Begegnungen mit allerlei, zum Teil grundverschiedenen, Menschen stattfanden, wo deren Anliegen und Probleme immer ein offenes Ohr fanden und wo über alles diskutiert werden konnte. Dazu gehört aber auch die Geselligkeit, also das Wohlfühlen in der Gesellschaft von Mitmenschen, seien dies nun Bekannte oder völlig fremde Leute. Wir hatten immer ein offenes Haus und an Krach mit Nachbarn kann ich mich schon gar nicht erinnern.
Auch wurde mir ein ausgeprägtes Gefühl für Gerechtigkeit mitgegeben mit einem klaren Verständnis für das, was redlich ist und was nicht, und gegen das das eigene Handeln immer wieder gemessen werden muss. Dies drückt sich auch darin aus, dass es mir wichtig ist, unrechtmässiges Verhalten – auch das eigene – zu erkennen und zuzugeben.
Letztendlich sollte ich hier noch den hohen Stellenwert der Arbeit als positives Mittel der Selbstverwirklichung erwähnen, denn – so hiess es bereits zu Hause: Von nichts kommt nichts!
Mich hat es auch nie gestört, dass ich bereits während des Studiums mein eigenes Geld verdienen musste, um die Ausbildungskosten mitzutragen; im Gegenteil. Arbeit war für mich immer auch Lebensschule. Ob das jetzt Stanzen in der Fabrik war oder Servieren im Restaurant, ich war mir nie zu fein für irgendeine weniger anspruchsvolle Arbeit. Selbstverständlich kamen dann im Verlauf der Zeit auch unbezahlte Mandate für gemeinnützige Organisationen hinzu, aber auch bei diesen sozialen Engagements hatte ich nicht nur in meinem Vater ein Vorbild, sondern auch in meiner Mutter, die sich schon früh bei der Pro Senectute und in der Familienhilfe innerhalb unserer Gemeinde eingesetzt hatte.

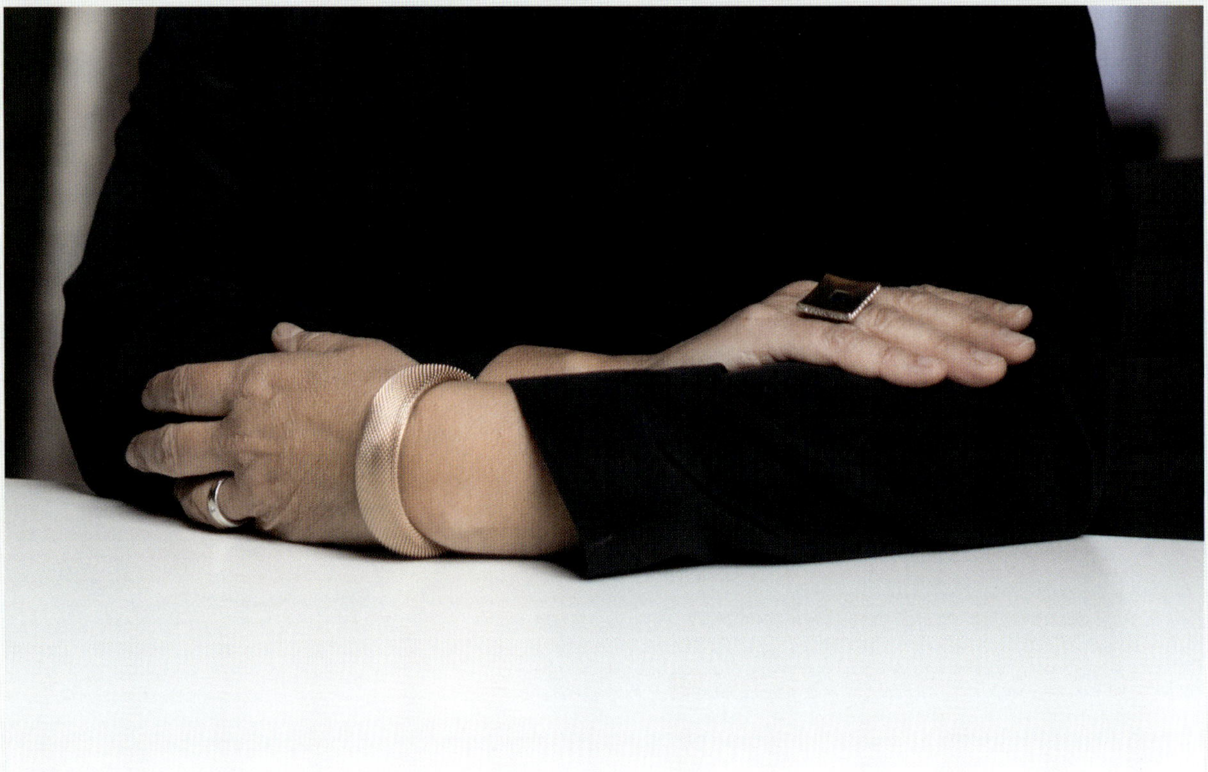

Wie kam es dazu, dass Sie sich für die CVP entschieden?

▸ Als ich vor die Wahl gestellt war, mich einer politischen Partei anzuschliessen, gab es für mich eigentlich nur zwei valable Optionen: die Freisinnig-Demokratische Partei (FDP) und die Christliche Volkspartei (CVP). Der Entscheid für die CVP ist sicher durch meinen Vater und seine Parteifreunde beeinflusst worden, denn nebst der politischen Breite innerhalb der Partei – mit einem linken und einem rechten Flügel – gefiel mir, dass die CVPler, die ich kannte, das Herz auf dem richtigen Fleck hatten. Auch wusste ich von meinem Vater, dass er innerhalb der Partei Freundschaften geknüpft hatte, die ein Leben lang hielten. Offenbar schien hier ein Wertesystem vorhanden zu sein, zu dem ich mich hingezogen fühlte und mit dem ich mich identifizieren konnte.

Zumindest hier, im Kanton Aargau, wurde der Freisinn eher von nüchternen Kapital- und Wirtschaftsthemen dominiert, was ihn nach meiner Einschätzung viel weniger menschlich als die CVP erscheinen liess.

Zudem verfügte die CVP damals über eine ganze Reihe von Koryphäen, die die öffentliche Wahrnehmung der Partei prägten. Leute wie Jules Binder, Josi Meier, Judith Stamm und Elisabeth Blunschy hatten mich bereits als Studentin durch ihre Persönlichkeit und ihre politischen Positionen beeindruckt.

Von Ihnen hat man erfahren, dass Sie im Schnitt eine 80-Stunden-Woche bewältigen. Wie hält man das zwölf Jahre lang durch?

‣ Man gewöhnt sich zwar daran, aber früher oder später führt es unweigerlich zu einer körperlichen und geistigen Belastung. Mit der Zeit hat sich bei mir eine gewisse Grundmüdigkeit eingestellt, die sich unter anderem in einer verminderten Schlafqualität ausdrückt. Wirkliche Erholung fand ich eigentlich nur während der Sommerferien, die ich auch jedes Jahr strikt eingehalten habe. Am Wochenende hilft mir ein Aufenthalt in der Natur oder in meinem Garten, überhaupt erhole ich mich am besten, wenn ich mich in schöner Umgebung im Freien aufhalten kann. Es bereitet mir dann auch keine Mühe, nichts zu tun und mich im Liegestuhl einem Buch hinzugeben oder Musik zu hören.
In den Ferien halte ich mich bei der Buchauswahl meistens an Belletristik, obwohl ich auch Biografien sehr spannend finde. Darüber hinaus lese ich sehr gerne historische Abhandlungen. Ich habe mich auch schon in der Malerei versucht.

Es gibt genügend Beispiele von hochrangigen Politikern, die die Bodenhaftung verloren und ziemlich abgehoben ihren eigenen Personenkult betrieben haben. Warum ist Ihnen Ihr Amt nie «in den Kopf gestiegen»?

‣ Das hat sicher mit meinem persönlichen Umfeld zu tun, denn eine solche Abgehobenheit würde gar nicht erst toleriert. Aber für mich war auch schon immer klar, dass das Amt – auch ein sehr hohes politisches Amt – keinen besseren Menschen aus der Person macht, die es ausübt. In dieser Beziehung, aber auch ganz generell, bin und war ich schon immer stark geerdet.

Spielen Ihre Brüder dabei eine Rolle?

‣ Klar hat meine Familie diesen Charakterzug mit beeinflusst, aber ich glaube, meine Brüder haben ein ambivalentes Verhältnis zu meiner Rolle als Bundesrätin. Es dürfte für sie nicht einfach sein, dass ihre Schwester stets als Zentrum der Familie wahrgenommen wird. Einerseits freuen sie sich an jedem Lob, das über mich ausgebreitet wird, andererseits werden sie natürlich immer wieder mit Kritik konfrontiert, die eigentlich an mich gerichtet ist. Wir haben in unserer Familie ein enges Verhältnis, aber ab und zu komme ich auch nicht darum herum, meine Mutter zu erinnern, dass sich nicht alles nur um mich drehen sollte.

Stimmt es, dass Sie in stressvollen Situationen auch mal zu einer Zigarette greifen?

‣ Ja, aber es bleibt immer bei der Ausnahme. Einem regelmässigen Zigarettenkonsum frönte ich letztmals während meines Studiums. Heute greife ich nur zu einer Zigarette, wenn ich mich entweder sehr stark über etwas ärgere oder wenn ich mich in den Ferien in ungezwungenem Rahmen und ohne Zeitdruck dem Genuss hingeben kann. Es fällt mir aber überhaupt nicht schwer, während Wochen oder gar Monaten darauf zu verzichten.

Sie spielten als Jugendliche Querflöte. Wie lange haben Sie das Instrument gespielt?

› Den Unterricht genoss ich bis zum Ende meiner Kantonsschulzeit, das heisst also bis zum 19. Altersjahr. Leider fand ich während des Studiums an der Uni keine Zeit mehr, um aktiv zu spielen, ich habe mir damals hauptsächlich Musik angehört. Ich besitze aber meine Querflöte noch immer und ab und zu kommt sie an Weihnachten sogar zum Einsatz, damit das Instrument nicht ganz verrostet.

Dank einem ausgezeichneten Musiklehrer pflegte ich in meinen Jugendjahren ein ziemlich breites Spektrum an Musikstilen, von der Kammermusik bis zum Jazz. Mein moderner Musikgeschmack wurde damals auch vom Flötisten, Saxofonisten und Bandleader Pepe Lienhard beeinflusst, der übrigens in Mühlau, einem Nachbardorf von Merenschwand, heimatberechtigt ist. Nebst klassischer Musik höre ich gerne Rock und Pop, vor allem, wenn ich mich dazu bewegen kann. Als dezente Hintergrundmusik mag ich auch Jazz ganz gerne. Überhaupt freue mich darauf, in Zukunft hoffentlich mehr Zeit zu finden, um das eine oder andere Konzert besuchen zu können.

Welche Pläne haben Sie für die Zeit nach dem Ausscheiden aus dem Bundesrat?

› Meine Agenda ist bis jetzt noch ziemlich leer, ausser ein paar Sitzungen mit dem UN Secretary-General's High-level Panel on Digital Cooperation, dem ich meine Mitarbeit zugesagt habe. Sodann habe ich als Nachfolgerin von Flavio Cotti das Präsidium des Stiftungsrats der Ulrico Hoepli-Stiftung übernommen. Diese Institution engagiert sich für die kulturellen Werte der Schweiz. Es ist mir ein Anliegen, nach dem Bundesratsmandat der Gesellschaft etwas zurückzugeben.

Zuerst werde ich mir einmal Zeit nehmen, um eine Standortbestimmung vorzunehmen. Ich werde mit Sicherheit keine berufliche Betätigung in Erwägung ziehen, die mir die gleiche Lebensstruktur auferlegt, wie dies als Bundesrätin der Fall war. Eine Verwaltungsratstätigkeit wäre denkbar, weil dies nicht an operative Führungsverantwortung gekoppelt ist. Ich möchte in Zukunft über mehr selbstbestimmte Zeit verfügen können und mehr Freiraum für private Aktivitäten haben. Ich bin gespannt, ob mir das so gelingen wird, wie ich es mir heute vorstelle.

«Nach dem Ausscheiden aus dem Bundesrat? Sicherlich kein Beruf, der mir die gleiche Lebensstruktur auferlegt.»

Schon in jungen Jahren wusste Doris Leuthard, wo sie als nächstes hinwollte. Dass sie einmal als Bundesrätin vereidigt würde, hätte sie in ihren kühnsten Träumen nicht gedacht.

Die Juristin und Jungpolitikerin

Zielstrebig studierte sie Recht. Dann entdeckt die junge Anwältin die Politik – und umgekehrt.

Nachdem Doris Leuthard die Schulen in Merenschwand AG (Primarstufe), Muri (Bezirksschule/Progymnasium) und Wohlen (Kantonsschule/Gymnasium) problemlos durchlaufen und im Alter von 19 Jahren die Maturitätsprüfung abgelegt hatte, stellte sich die Frage der Studienwahl. Diese war, wie sie selber ausführt, mehr eine Vernunft- als eine Herzensentscheidung: «Eigentlich hatte ich immer ein Faible für alles, was mit Architektur oder Innenarchitektur zusammenhing, doch zum Zeitpunkt meiner Studienwahl waren diese Studiengänge überfüllt, (Innen-)Architekten gab es bereits wie Sand am Meer. Für mich war aber klar, dass ich erstens möglichst wenig Zeit in ein Studium investieren und zweitens bald danach mein eigenes Geld verdienen wollte. Als ältestes von vier Kindern war es mir ein Bedürfnis, möglichst schnell selbständig und vom Elternhaus unabhängig zu werden. Nach einer kurzen Schnupperphase habe ich mich dann für das Jurastudium an der Universität Zürich entschieden, denn dieser Studiengang lässt viele Möglichkeiten der praktischen Anwendung zu, was natürlich auch eine gewisse berufliche Ungebundenheit mit sich bringt.»

Wie bereits erwähnt, blieb Doris Leuthard mit einem Fuss immer im Freiamt – auch als Studentin ver-

Doris Leuthard hatte immer ein Faible für Architektur, doch die Studiengänge waren überfüllt.

Nebst dem sprichwörtlichen Charme gefiel Doris Leuthard in Paris die Geselligkeit und Begeisterungsfähigkeit der Franzosen.

brachte sie das Wochenende in ihrer Heimat an der Reuss und nicht in ihrer Zürcher Studentenwohnung, die sie mit ihrem Bruder Fabian teilte. Als Horizonterweiterung absolvierte sie jedoch zwei Studien- und Sprachaufenthalte in Paris und Calgary (Kanada). Wie beurteilt sie diese im Rückblick nach drei Jahrzehnten? «Ich habe vier Monate in Paris und insgesamt etwa acht Monate in Calgary verbracht, was neben der Vertiefung der jeweiligen Sprache natürlich auch eine kulturelle Bereicherung bedeutete. Man sollte nicht vergessen, dass ich in einem Dorf im Freiamt aufgewachsen bin, dessen geografische und kulturelle Enge natürlich extrem mit der Situation in der französischen, respektive kanadischen Metropole kontrastiert. Diese Erweiterung des eigenen Horizonts war mir schon immer wichtig, und bereits während des Studiums schätzte ich es sehr, dass ich in Zürich Grossstadtluft schnuppern konnte. In Paris hatte ich das Glück, bei meiner Cousine wohnen zu können, die mir durch ihren Beruf als Schauspielerin ein inspirierendes Milieu erschliessen konnte, zu dem ich sonst nie Zugang gefunden hätte. In Kanada war es vor allem die Natur und die Weite des Landes, die mich tief beeindruckten.»

Sowohl am einen wie am anderen Ort nahm die spätere Bundesrätin etwas fürs Leben mit: «Die Kanadier, die ich kennenlernen durfte, empfand ich als sehr offene und sympathische Leute, deren Gelassenheit auch uns Schweizern manchmal guttun würde. Klar sind die Lebensbedingungen und das Umfeld in Alberta und British Columbia dazu angetan, weniger Stress und Friktionen zu generieren, wenn man nur schon die geringe Bevölkerungsdichte in Betracht zieht. Nebst dem beinahe sprichwörtlichen Charme der Franzosen ist mir die Geselligkeit und Begeisterungsfähigkeit in Paris sehr positiv aufgefallen. Im Gegensatz zur Schweiz verbringen die Franzosen viel mehr Zeit ausser Haus. So ist es beinahe an der Tagesordnung, dass man sich am Abend im Bistro trifft, um sich gegenseitig auszutauschen, oder man besucht gemeinsam kulturelle Anlässe. Was mir weniger gefiel, war der in Paris überall spürbare Zentralismus, den ich persönlich als ungeeignetes Verwaltungsmodell betrachte.»

Während des Studiums nahm Doris Leuthard an einem Seminar von Prof. Dr. Daniel Thürer im Schloss Hagenwil teil.

Wenn man Doris Leuthards Passion für Politik betrachtet, wäre die Vermutung naheliegend, dass sie sich bereits an der Universität Zürich politisch betätigt hätte. Dies war jedoch nicht der Fall, wie sie zu Protokoll gibt: «Nein, ich hatte nie viel für die Studentenbewegung übrig, und Demonstrieren war nie mein Ding. Trotzdem, als Studentin der Jurisprudenz wurde man immer wieder in mehr oder weniger lebhafte Diskussionen verwickelt, die durchaus eine politische Komponente enthielten, denn jedes Rechtssystem greift in die Gesellschaft ein und versucht das Zusammenleben im Sinne des übergeordneten Allgemeinwohls zu regeln. Ähnliches galt für mein Nebenfach, die Volkswirtschaftslehre, in dem auch immer wieder gesellschaftspolitisch aktuelle Themen angesprochen wurden, aber wirklich aktiv habe ich mich während dieser Zeit nicht politisch engagiert.»

Eine strahlende Doris Leuthard im August 1999 vor ihrem grossen Schritt in den Nationalrat.

Sobald sie ihr Studium abgeschlossen hatte, tat Doris Leuthard den für junge Juristen naheliegenden Schritt: Sie absolvierte ein Gerichtspraktikum: «Nach dem Studienabschluss trat ich zuerst eine Stelle am Bezirksgericht Bremgarten an. Vor allem die vielen Scheidungs- und Straffälle machten mir zu schaffen, und ich ertrug es schlecht, dass die dunklen Seiten des Lebens zum Berufsinhalt werden sollten. Besonders der Fall einer Bande albanischer Straftäter, die damals in der Schweiz sehr aktiv waren, gab mir zu denken, und so ergriff ich die nächstfolgende Chance, bei einem Bekannten ein Anwaltspraktikum zu absolvieren, um schliesslich das Anwaltspatent zu erwerben. Dieser Schritt barg auch die für mich attraktive Perspektive, selbständig arbeiten und den eigenen Weg gehen zu können. Die Partnerschaft in dieser kleinen Anwaltskanzlei sah ich als stimulierend und das breite Arbeitsspektrum als Bereicherung an.»

Diese «kleine Anwaltskanzlei» existiert heute immer noch. Als Doris Leuthard in den Bundesrat gewählt wurde, hiess sie «Fricker + Leuthard», heute heisst sie «Fricker. Seiler. Rechtsanwälte». Mit dieser Berufswahl und der Wahl des Arbeitgebers hatte Doris Leuthard gleich dreimal Glück. Erstens blühte sie in diesem Bereich der Juristerei auf, zweitens hatte sie in Dr. Kurt Fricker einen erfahrenen juristischen Mentor und drittens diente sie als ideales Sprungbrett in die Politik: Fricker war Parteisekretär der CVP Aargau (1975–1987) sowie CVP-Grossrat (1985–1997). Besser hätte sie es nicht treffen können. Kurt Fricker fasst zusammen: «Doris Leuthard bewarb sich bei mir Mitte 1989 – damals Rechtspraktikantin am Bezirksgericht Bremgarten – für ein weiterführendes Praktikum als Vorbereitung für das Anwaltsexamen. Am 1.9.1989 begann sie als Praktikantin in unserer Kanzlei. Am 31.8.2006 verliess sie unsere Kanzlei als Bundesrätin.»

Was zeichnete Doris Leuthard als Rechtsanwältin aus? Kurt Fricker zählt eine Reihe von Qualitäten auf, die die junge Berufskollegin mitbrachte: «Erstens: Mit ihrer offenen, unkomplizierten Art sowie ihrem feinen Gespür für die Menschen gewann sie schnell das Vertrauen der Klientinnen und Klienten. Zweitens verstand sie es, bei der Führung der Mandate schnell die Spreu vom Weizen zu trennen und sich auf das Wesentliche zu konzentrieren. Drittens hatte sie Verhandlungsgeschick: Wenn es die Interessen ihrer Klientin/ihres Klienten erforderten, half ihr das Talent, eine Brücke zur Gegenpartei zu bauen und so die Differenzen einer einvernehmlichen Lösung zuzuführen. Und last but not least nutzte sie ihr rhetorisches Talent vor allem als Strafverteidigerin mit Erfolg.»

Als Doris Leuthards politische Karriere mit der Wahl in den Grossen Rat (Kantonsrat) des Kantons Aargau 1997 richtig in Schwung kam und zwei Jahre später mit der Wahl in den Nationalrat noch ganz andere Dimensionen annahm, war seitens der Kanzlei eine grosse Flexibilität notwendig. Kurt Fricker formuliert es so: «Ich darf für mich, meine Anwaltskollegen und die Mitarbeiterinnen in unserer Kanzlei in Anspruch nehmen, Doris Leuthard die Möglichkeit geboten zu haben, ihre politische Karriere auf Bundesebene innerhalb der bestehenden beruflichen Strukturen zu starten und bis zur Wahl in den Bundesrat fortzusetzen. Das bedeutete für unsere Kanzlei im Zeitraum 1999 bis 2006 namentlich auch Flexibilität als Folge diverser administrativer Anpassungen.» Und er lobt seine ehemalige Praktikantin,

Beim Praktikum am Gericht machte ihr zu schaffen, dass die dunklen Seiten des Lebens zum Berufsinhalt werden sollten.

Kollegin und Kanzlei-Partnerin: «Als begeisterte Anwältin führte sie auch in dieser Zeit (1999 – 2006) eine stattliche Anzahl von Anwaltsmandaten. Diese Kombination erforderte einerseits von ihr einen weit überdurchschnittlichen Einsatz, andererseits von ihren Klientinnen und Klienten manchmal etwas Geduld.»

Ihr soziales Engagement brachte oft kaum Einkünfte, dafür konnte sie ihre Kenntnisse in Gesundheits-, Sozial- und Bildungspolitik vertiefen.

Bereits während dieser Phase verfügte Doris Leuthard über eine äußerst hohe Belastbarkeit. Neben ihrer Arbeit als Rechtsanwältin, Grossrätin und später Nationalrätin nahm sie eine beträchtliche Anzahl von Mandaten bei Firmen und Stiftungen an. Auf der karitativen Seite setzte sie mit ihrer Mitarbeit beim Stiftungsforum Fastenopfer Luzern (Präsidentschaft), dem Stiftungsrat ZEKA (Zentren für Körperbehinderte Aargau), dem Stiftungsrat Schweizerisches Pestalozziheim Neuhof, Birr und etlichen weiteren ein deutliches Zeichen für ihr soziales Engagement. Dieses Engagement brachte ihr zwar in vielen Fällen kaum Einkünfte, dafür vertiefte Kenntnisse in Gesundheits-, Sozial- und Bildungspolitik, zum Beispiel bei der Mitarbeit im Vorstand und Stiftungsrat Kreisspital Muri oder als Präsidentin der Aargauer Volkshochschulen. Daneben nahm sie auch noch einige Mandate an, die finanziell interessant waren, etwa als Verwaltungsrätin der Elektrizitätsgesellschaft Laufenburg EGL (heute Axpo) oder durch ihren Einsitz im Verwaltungsrat der Neuen Aargauer Bank (NAB).

Doris Leuthard war schon vor dem Start ihrer politischen Karriere im engeren Sinn parteiübergreifend engagiert. Im Juni 1994 schrieben die «Zuger Nachrichten» über die Frauengruppe, bei der sie ebenfalls beteiligt war: «Die Berührungsängste abbauen und dafür das politische Verständnis wecken, ist das Ziel der Frauengruppe des Bezirks Muri, die seit rund vier Monaten aktiv politische Arbeit mit und für Frauen leistet. Wohl stammen die Initiantinnen Stephanie Emd-Küng, Olgi Schmid, Doris Leuthard und Grossrätin Flory Dubler aus CVP-Kreisen und stellen keineswegs ihre politische Verbundenheit mit ihrer Partei infrage, doch sehen sie ihre Arbeit ohne Abgrenzungen parteipolitisch ‹grenzüberschreitend›.» Interessant ist dazu noch Folgendes: Wie Doris Leuthard sagte, war die Annäherung an die politische Karriere zu Beginn eine zögerliche. Als sie 1996 von der CVP angefragt wurde, ob sie für den Grossen Rat kandidieren

Am Zentralfest des Schweizerischen Studentenvereins in Zug am 27. August 2007. Doris Leuthard wartet – vergeblich – auf das Abfeuern der Gewehrsalve. Der erste Kracher war allerdings ein Lacher, denn das Schiesspulver war feucht.

wolle, beharrte sie auf dem letzten Listenplatz – und wurde trotzdem gewählt.

Gleich nach ihrer Wahl ins Kantonsparlament am ersten Märzwochenende 1997 wurde Doris Leuthard von ihrer Fraktion zur stellvertretenden Fraktionschefin, ein Jahr später zur Fraktionschefin ernannt. Trotzdem seien die zweieinhalb Jahre im Grossen Rat mehr eine Periode des stillen politischen Schaffens gewesen, berichtet Doris Leuthards langjährige Mitstreiterin in Aarau und Bern, die heutige Nationalrätin Corina Eichenberger (FDP), Rechtsanwältin wie früher Doris Leuthard. Auch die heutige Aargauer

SP-Nationalrätin Yvonne Feri war mit Doris Leuthard im Grossen Rat. Sie erinnert sich, dass Doris Leuthard schon damals eine sehr offene, freundliche und strahlende Art hatte und genauso parteiübergreifend politisieren wie auch in der Sache durchaus hart bleiben konnte.

Offensichtlich arbeitete Doris Leuthard sehr zur Zufriedenheit «ihrer» CVP des Bezirks Muri. Die «Neue Luzerner Zeitung» berichtete am 27. Februar 1999 unter dem Titel «Mit mehr Frauenpower nach Bern»: «Das Freiamt soll künftig in Bern eine Stimme haben, und zwar die einer Frau. Zumindest wenn es nach der Absicht der CVP des Bezirkes Muri geht, die letzte Woche im ‹Schwanen› von Merenschwand ihre Nominationsversammlung abhielt. Dabei wurde die 35-jährige Anwältin Doris Leuthard einstimmig zur Kandidatin für den Nationalrat erhoben. Die 1963 geborene Doris Leuthard ist in Merenschwand aufgewachsen und lebt auch heute mit ihrem Lebenspartner dort. 1997 wurde sie in den Aargauer Grossen Rat gewählt. Sie ist Mitglied der Justizkommission, Präsidentin der nichtständigen Kommission zur Standesinitiative Asylrecht; seit letztem Jahr auch Vizepräsidentin der CVP des Bezirkes Muri und im Vorstand der CVP Merenschwand; ausserdem führt sie den Vorsitz der CVP-Frauengruppe.»

Die heutige Grossrätin und Ständeratskandidatin Marianne Binder mit der Nationalratskandidatin Doris Leuthard im August 1999 an einer Podiumsdiskussion der CVP Aargau.

Doris Leuthard selbst wird in der «Neuen Luzerner Zeitung» wie folgt zitiert: «Der Bezirk Muri muss in Bern vertreten sein.» Und weiter schreibt die «NLZ»: «Ein wichtiges Anliegen sind ihr die Stärkung der Vertretung der Frauen in der Politik und das Eintreten für Frauenanliegen. Ihre politischen Schwerpunkte liegen bei Justizfragen, bei der Ausländer- und Asylpolitik, bei den Sozialwerken, beim Gesundheits- und Bildungswesen. Glücklich über die Nomination aus Merenschwand ausserte sich auch die Kantonalpartei. Vor dieser wird Doris Leuthard am heutigen Wahlkongress in Wohlen die nächste Hürde der Nomination als kantonale Kandidatin zu nehmen haben.» Wie wir inzwischen wissen, übersprang sie auch diese Hürde mühelos.

Zumindest sah es von aussen betrachtet mühelos aus. Angesprochen auf den Anfang ihrer politischen Karriere und das Sammeln von Führungserfahrung gibt Doris Leuthard Folgendes zu bedenken: «Führungserfahrung sammelt man nicht von heute auf morgen, das ist in der Regel ein längerer Prozess. Ich konnte schon sehr früh während meinen sieben Jahren als Präsidentin des Turnvereins Verantwortung übernehmen und lernen, wie man eine Sitzung vorbereitet und führt, und natürlich ganz generell, wie ein Verein funktioniert und was es heisst, vor Leute hinzutreten und Anliegen verteidigen zu müssen. Nach meinem Studienabschluss wurde ich in den Schulrat gewählt, wo ich vor allem im Bereich der Verfahrensleitung Erfahrung sammeln konnte.»

Weiter erzählt sie: «Nach dem Eintritt in die Politik kamen immer mehr Ämter und Gremien hinzu, die ein ziemlich grosses Betätigungsfeld für das Sammeln von Führungserfahrung boten. So wurde ich bereits nach meinem ersten Jahr im Grossrat zur Vize-Fraktionschefin gewählt, wo ich von Fraktionschef Roland Brogli einiges im Bereich Fraktionszusammenarbeit und -leitung lernen konnte. Klar, der Sprung von der kantonalen auf die nationale Politbühne war riesig. Ich hatte ja gerade erst mit dem Aufbau meiner beruflichen Karriere als Anwältin begonnen, als ich kurz darauf in den Nationalrat gewählt wurde. Ich fühlte mich anfangs fast etwas überfordert von dieser Doppelbelastung und insbesondere den hohen Ansprüchen, die das politische Bern an mich stellte. Als junge Frau unter den Parlamentariern fiel man damals noch ziemlich auf und dementsprechend gross war die Aufmerksamkeit, die mir zuteilwurde.» ✚

«Ich konnte als Präsidentin des Turnvereins schon früh lernen, was es heisst, vor Leute hinzutreten und Anliegen verteidigen zu müssen.»

Starmoderator Beni Thurnheer (2. v. l.) wartet mit Doris Leuthard (Parteipräsidentin CVP) und den Präsidenten von SP (Hans Jürg Fehr) und SVP (Ueli Maurer) am 27. November 2005 nach der Abstimmung über das Gentech-Moratorium auf die Diskussion in der sogenannten «Elefantenrunde».

ann ja heute
ie jeder machen.

Die damalige Nationalrätin Doris Leuthard nimmt am 16. Juni 2004 in einem engagierten Votum Stellung zum Bundesgesetz über Ausländerinnen und Ausländer in der Schweiz.

Die Nationalrätin

Mit einer erfrischenden Kampagne wird Doris Leuthard Nationalrätin. Und plötzlich legt sie kräftig an Tempo zu.

Das Jahr 1999 stellte privat, vor allem aber auch beruflich einen Wendepunkt in Doris Leuthards Leben dar. Die CVP des Kantons Aargau hatte ganz offensichtlich Gefallen an der jungen, aufstrebenden Frau gefunden und schickte sie als Grünhorn der nationalen Politik nicht nur in den National-, sondern auch gleich in den Ständeratswahlkampf – wohl wissend, dass die Erringung eines Ständeratssitzes für einen Politiker bzw. eine Politikerin ohne Erfahrung im Nationalrat kaum Chancen auf Erfolg haben würde. Dies umso mehr, als Doris Leuthard gegen zwei etablierte Ständeräte antrat: Maximilian Reimann (SVP) und Thomas Pfisterer (FDP), seines Zeichens alt Bundesrichter und alt Regierungsrat. Reimann, der von 1987 bis 1995 für die SVP im Nationalrat war, kommentiert diese Doppelkandidatur von Doris Leuthard heute wie folgt: «Als ich 1995 sowohl für den Nationalrat als auch für den Ständerat kandidierte, machte mir die CVP schwerste Vorwürfe, das gezieme sich nicht. Als 1999 Doris Leuthard gleichzeitig für beide Räte kandidierte, krähte kein CVP-Hahn mehr gegen diese Ungeheuerlichkeit: Quod licet Iovi, non licet bovi!! So oder so, die CVP verlor 1995 ihren über viele Jahrzehnte innegehabten Aargauer Sitz im Ständerat und holte ihn seither nicht zurück.»

Die Aargauer CVP schickte sie als Grünhorn der nationalen Politik gleich in den Ständeratswahlkampf.

Aus diesen Zeilen spricht auch ein wenig Genugtuung desjenigen, den die CVP bei den Wahlen 1983 nicht auf die Nationalrats-Wahlliste nahm, worauf er zur SVP wechselte und seit 1987 für diese in Bern tätig ist, zwölf Jahre davon als Ständerat (1995–2007), davor und danach im Nationalrat.

Doch zurück zum Wahlherbst 1999: Sosehr die CVP im Fall von Reimann 1983 das Potential des Mannes nicht erkannt hatte, sosehr hatte die Partei diesmal die Nase im Wind. Man setzte auf die Karte «jung, dynamisch, unverbraucht» und diesbezüglich war Doris Leuthard ganz klar die beste Wahl – zudem brachte sie viele Ideen mit, hatte den nötigen Hunger nach Erfolg und ebenso viel Biss, ihn auch zu erreichen. Der Erfolg war aber ganz klar auch Teamarbeit unter der Leitung eines originellen Kopfs: Reto Nause, damals Parteisekretär der CVP Aargau, wollte bewusst wegkommen von der langweiligen 08/15-Wahlkampfpropaganda, die üblicherweise wie folgt funktioniert: Man stelle einen Stand vor die lokale Coop- oder Migros-Filiale, hänge Partei-Luftballons auf und versuche, die unter Wochenend-Einkaufsstress leidende Bevölkerung – schwer beladen mit Tragtaschen – von den grossen Vorzügen der eigenen Partei zu überzeugen. Oder man drücke den Vorbeieilenden einen Flyer sowie einen Kugelschreiber mit aufgedrucktem Parteilogo in die Hand und hoffe auf deren Überzeugungskraft. Genau das wollte man definitiv nicht, denn das taten schon all die anderen Parteien.

Reto Nause hatte die geniale Idee, einen Duschgel-Beutel mit der Aufschrift «Duschbad: Erfrischender Aargau. Am 28. November in den Ständerat: Doris Leuthard» produzieren zu lassen. Das Bild auf dem Beutel könnte auf den ersten Blick nicht harmloser sein:

Werbung auf allen Kanälen für Doris Leuthards Kandidatur für den Ständerat (1999).

Längst legendär: Der Duschgel-Beutel mit der Aufschrift «Erfrischender Aargau» aus dem Nationalratswahlkampf.

Eine offen und herzhaft lachende Doris Leuthard. Die CVP-Medienkampagne schlägt ein wie eine Bombe: «Der Wahl-Hit: Duschen mit Doris» titelt die kantonal dominierende «Aargauer Zeitung» am 10. November 1999. Hier hatte der Berichterstatter der «AZ», Oliver Knick, für die männliche Bevölkerung im Kanton ein wenig weiter gedacht. Der Artikel war zwar frei von jeglicher Anzüglichkeit, der Titel aber wirkte wie Dynamit, ganz im Stil des Humors in den besten englischen Publikationsorganen. Am 12. November ist Doris Leuthard in der «Basler Zeitung»: «Der neuste Werbegag schäumt: Die CVP lässt 20 000 Beutel ‹Duschbad: Erfrischender Aargau› mit dem farbigen Abbild der lachenden Kandidatin verteilen.» Das erregt nicht nur Aufmerksamkeit, sondern liefert zudem kostenlos Schlagzeilen. Das ist der Stoff, aus dem die Träume eines jeden Wahlmanagers gemacht sind.

«Der Wahl-Hit: Duschen mit Doris» titelt die Aargauer Zeitung im November 1999.

Doris Leuthard, damals Nationalrätin und CVP-Parteipräsidentin, in ihrer Anwaltskanzlei im Jahr 2003.

Am 16. November zieht die «Neue Luzerner Zeitung» nach, und am 23. November ist «Die strahlende Kandidatin» im «Tages-Anzeiger». Genial! Reto Nause hätte für diesen Coup einen Werbepreis bekommen müssen: Verbreitet durch grosse regionale und einen nationalen Zeitungsartikel war die Newcomerin dieses Wahlkampfes einem grossen Teil der Deutschschweizer Bevölkerung bekannt geworden. Und dies noch vor ihrer ersten Sitzung in Bern.

Einzig bei der «Neuen Zürcher Zeitung» dauerte es ein Weilchen, bis man die Genialität des Slogans erkannte und in einem sehr nüchternen Artikel vom 29. April 2006 zum Ausdruck brachte: «Das Dilemma der Doris Leuthard: Gute Chancen zur Wahl – doch muss das bereits jetzt sein? – Die Wahl von CVP-Präsidentin Doris Leuthard in den Bundesrat wäre der logische Schritt in einer spektakulären Politkarriere. Doch einige Gründe sprechen gegen eine überstürzte Kandidatur.» Nun, seit ihrer Gründung im Jahr 1780 berichtete die «NZZ» über viele Phänomene etwas später als andere Blätter, dafür allerdings ausführlicher.

Aber zurück zur Kampagne: Selbstverständlich war der Wahlkampf von Doris Leuthard nicht mit einem originellen Gadget erledigt, sondern erforderte vielmehr harte und zeitraubende Arbeit. Und Doris Leuthard setzte sich mit vollem Engagement ein und warb für ihre Ideen: Unterstützt von einem enthusiastischen Team unter der Leitung von Reto Nause ging sie auf Wahlkampftour in Restaurants, Bars und Pubs bis spät in den Abend hinein. Dabei trug das Team Jacken mit dem hinten aufgedruckten Duschbeutel und Doris Leuthard diskutierte mit den Menschen vor Ort. Reto Nause dazu: «Die Leute waren überrascht, dass Doris Leuthard jetzt plötzlich in Person vor ihnen stand und sie mit ihrer offenen und gewinnenden Persönlichkeit, aber auch mit klaren Inhalten und einer detaillierten Sachkenntnis von ihrer Wahl zu überzeugen versuchte.» Das war Action pur in einem an das amerikanische Von-Haus-zu-Haus-Canvassing angelehnten Stil, der nie kopiert wurde – ausser vom Initiator selbst: Als Reto Nause Stadtrat in Bern werden wollte, erinnerte er sich an diese Strategie und wandte sie auch für sich an – mit Erfolg, wie der Sicherheitsdirektor schmunzelnd erläutert.

Die Leute waren überrascht, dass Doris Leuthard plötzlich in Person vor ihnen stand.

An der CVP-Delegiertenversammlung in Wil SG am 12. Mai 2001 strahlt Philipp Stähelin nach seiner Wahl zum CVP-Parteipräsidenten mit der ebenfalls frisch gewählten Vize-Präsidentin Doris Leuthard um die Wette.

Selbstverständlich darf eine Prise Marilyn Monroe nicht fehlen.

Das Phänomen der Doris Leuthard im Wahlherbst 1999 – «sie kam, sah und siegte» – erklärt Reto Nause wie folgt: «Ich habe in meinen annähernd 30 Jahren in der Politik niemanden kennengelernt, der seine Dossiers sachlich so detailliert kennt wie sie. Sie ist klar in ihren Botschaften und redet nicht um den heissen Brei herum. Sie scheut sich auch nicht vor Konfrontation, wenn sie inhaltlich eine andere Position vertritt, sondern sie argumentiert ihre Punkte immer sachlich fundiert und überzeugend. Interessanterweise trifft dieses Verhalten auf viel Akzeptanz, auch bei Leuten, die eigentlich völlig anderer Meinung sind. Das hat wahrscheinlich auch damit zu tun, dass sie ihre Botschaften meistens mit viel Herzblut und einem gewissen feu sacré, aber immer auch mit Charme an die Adressaten richtet.»

Zwei Dinge fallen im National- und Ständeratswahlkampf des Kantons Aargau von 1999 auf: Zum einen war Doris Leuthard jung, mutig und furchtlos genug, gegen zwei Platzhirsche im Ständerat anzutreten. Dass sie Maximilian Reimann (bisheriger SVP-Ständerat) oder Thomas Pfisterer (FDP-Regierungsrat) ausstechen könnte, war zwar nahezu unmöglich, Pfisterer zwang sie jedoch zu einem zweiten Wahlgang. Dieser Ständeratswahlkampf – und namentlich so, wie sie ihn führte – machte sie innert weniger Monate kantonsweit bekannt. Und sie tritt mutig für ihre Überzeugungen ein: Ja für eine Cannabis-Legalisierung, Ja für den kontrollierten Schwangerschaftsabbruch und sogar Ja für einen EU-Beitritt. Heute bestreitet sie letztere Position allerdings und betont, dass sie sehr wohl für einen Beitritt zum Europäischen Wirtschaftsraum (EWR) gewesen sei, nicht aber für einen Beitritt zur Union selbst. Ganz offensichtlich hatte sie mit ihrer Art auch einen guten Draht zur Presse. Führende nationale Titel schrieben von der «Metzler-Generation» und von der «Freiämter Senkrechtstarterin».

Viktor Parma vom «SonntagsBlick» griff das Thema Doris Leuthard auf seine Weise auf: «Dumm stellt sich eine Leuthard nicht an. Sie durchschaut die Männer und deren widersprüchliche Wünsche: ‹Die heutige idealtypische Superfrau ist eine Mischung aus durchgestylter Businesswoman, jederzeit verständnisvoller Partnerin mit ausgeprägten Kochkünsten und hingebungsvoller Mutter mit durchtrainiertem Körper. Und selbstverständlich darf eine Prise Marilyn Monroe nicht fehlen. Sie kennt sich im Internet und moderner Kunst aus und liest zwischen ‹Annabelle› und ‹Betty Bossi› die Finanz- und Wirtschafts-

Bundesrätin Doris Leuthard im Gespräch mit der ehemaligen Nationalrätin Rosmarie Zapfl (CVP, Zürich) an einer Konferenz des Frauendachverbands «Alliance F» anlässlich einer Tagung dieses Verbands über die berufliche Weiterbildung am 12. Februar 2008.

zeitung.› Doch beklagt Leuthard die bekannten Widersprüche männlicher Sichtweisen nicht. Viel mehr nutzt sie diese gekonnt, um sich durchzusetzen.» Mit dieser selbstbewussten und charmant-koketten Art beschrieb die angehende Nationalrätin erstens auch sich selbst und zweitens hob sie sich von Anfang an ab von allem, was in Bern grau und bieder daherkam. Genau das ist es, was Journalisten lieben – das Originelle, das Mutig-Freche, das Aussergewöhnliche. Und es waren genau dieser Auftritt und seine Wirkung, die Doris Leuthard sieben Jahre später in den Bundesrat bringen sollten.

Doris Leuthards Schafferqualitäten und selbstverständlich auch ihre integrative Persönlichkeit fielen in Bern sehr bald auf. Als im April 2001 das CVP-Parteipräsidium neu bestellt wurde, überliess Nationalrätin Rosemarie Zapfl Doris Leuthard den stellvertretenden Parteivorsitz. Auch als frischgebackene stellvertretende Parteipräsidentin behielt sie ihren Drive und Willen zur Innovation. Kaum im Amt, setzte sie sich für die Streichung des «C» im Parteinamen ein, mit der Begründung, dass man die CVP immer noch als eine katholische Partei wahrnehme. Hier wurde sie von den alten Hasen in der Partei allerdings zurückgepfiffen. Diese hingen erstens am «C» und zweitens mussten sie realistischerweise anerkennen, dass die SVP den Begriff «Volkspartei» schon derart stark gebrandet hatte, dass man sich hier in puncto Namenswahl unmöglich auf waghalsige Experimente einlassen konnte.

Für die Aargauerin mag der Berner Parlamentsbetrieb in den ersten paar Tagen noch etwas übermächtig gewirkt haben. Sie brauchte indes nicht lange, um ein flottes Tempo vorzugeben, etwa im Dezember 2001, als sie, kurz nach dem Swissair-Grounding und dem chaotisch initiierten Konkursverfahren, eine Parlamentarische Untersuchungskommission (PUK) über die Schweizer Luftfahrtpolitik verlangt. Der zuständige Verkehrsminister Moritz Leuenberger bestellte umgehend eine Expertise, um die Gefahr (negative Publizität und Eigendynamik) einer PUK abzuwenden.

Interessant im Nationalrat war fast von Anfang an Doris Leuthards Umgang mit den Medien, speziell mit den Boulevardmedien. So taucht sie am 16. September 2002 mit einem doppelseitigen Interview in der Rubrik «Indiskrete Fragen» auf. Diese Plattform wird sonst nur von Sportgrössen, Rockstars und Sternchen aus dem Showbusiness genutzt, die oft auch private Einzelheiten preisgeben. Bis zu einem gewissen Grad praktiziert dies auch Doris Leuthard, zieht dann aber die Bremse, wenn die Fragen allzu privat werden. Diese Art von Presseauftritt ist nun definitiv Kür und sicher nicht Pflicht, aber – und hier ist sie instinktsicher: Er fördert die Popularität in der breiten Öffentlichkeit.

Gesucht war in der CVP eine Art Mr oder Miss Universe, bereit, dieses Debakel anzupacken und aufzuräumen.

Bei den Bundesratswahlen im Dezember 2003 leistete sich die CVP unter der Führung von Philipp Stähelin ein folgenschweres Debakel. Aufgrund der Parlamentswahlen vom 19. Oktober war es vollkommen klar, dass die SVP als stärkste Partei (27%, 55 Sitze) ein faktisches Anrecht auf zwei Sitze im Bundesrat hatte, und es war sehr wahrscheinlich, dass Christoph Blocher einen der beiden CVP-Bundesräte beerben würde. Statt sich dieser Tatsache zu stellen und entweder

Alt Bundesrätin Ruth Metzler-Arnold (rechts) wird an der CVP-Delegiertenversammlung vom 12. Juni 2004 im Homberghaus, Schaffhausen, verabschiedet.

Joseph Deiss oder Ruth Metzler zu einem Verzicht zu bewegen, trat die CVP mit beiden Kandidaten an und verlor prompt den Sitz von Ruth Metzler, was bei ihr selbst sowie bei vielen Parlamentarierinnen zu grösster Frustration führte. Parteipräsident Stähelin war diskreditiert und stellte sein Amt zur Verfügung. Gesucht war eine Art Mr oder eben eine Miss Universe, bereit, dieses Debakel anzupacken und aufzuräumen.

Bereits an dieser Stelle wird in der Politik ebenso wie in der Presse darüber spekuliert, ob Doris Leuthard das Zeug zur Bundesrätin hätte, und es wird darüber hinaus offen gefragt, ob sie sich das Aufräumen dieses gigantischen Scherbenhaufens überhaupt zumuten solle. In vier Jahren hatte es Doris Leuthard fertiggebracht, von der frischgebackenen Nationalrätin bis zur Bundesrats-Papabile heranzuwachsen. Was war das Erfolgsrezept? Viktor Parma formulierte es im «SonntagsBlick» vom 21. Dezember 2003 so:

«Sie überwand die alten Rollenzwänge des katholischen Milieus. Die gläubige Katholikin, die mit ihrem Partner fast 20 Jahre ohne Trauschein zusammengelebt hatte, ehe sie ihn 1999 heiratete, schaffte die Wahl zur Nationalrätin auf Anhieb. Eigenwillig kombinierte sie ‹linke› und ‹rechte› Positionen. Sie befürwortete EU-Annäherung und Hauseigentümer-Initiative. Sie forderte eine härtere Asyl- und eine weichere Drogenpolitik. Sie zählte sich zur Metzler-Generation. Damals profitierte Leuthard noch ‹von einem gewissen Frauenbonus›, wie sie lachend zugab: ‹Wer da ist, wird gefördert, wenn man sich nicht gerade dumm anstellt oder bereits 55-jährig ist.› (…) Sie geriet in den CVP-internen Kuddelmuddel endloser Konflikte zwischen Partei und Fraktion, National- und Ständeräten um Themen wie Drogenfragen,

Gegen die Mehrheit der eigenen Fraktion bejahte Doris Leuthard die Partnerschaft gleichgeschlechtlicher Paare.

AHV-Flexibilisierung, Atomenergie und zweite Gotthardröhre. Leuthard schlug sich in den Macht- und Flügelkämpfen der CVPler tapfer. Ihre Grundhaltung änderte sie dabei nicht. Ihr liberales Menschenbild schockte die Konservativen. Sie nannte zwar den ‹Schutz der Familie ein zentrales politisches Anliegen›. Gegen die Mehrheit der eigenen Fraktion bejahte Leuthard jedoch die Partnerschaft gleichgeschlechtlicher Paare, aber auch die Straffreiheit des Konsums weicher Drogen. Sie verteidigte die traditionelle Mutterrolle und hinterfragte sie doch zugleich. An der Frauensynode 2004 in Basel leitet Leuthard ein ‹Podiumsgespräch über die Lebenswelt von behinderten und nichtbehinderten, lesbischen und heterosexuellen, gemeinsam und allein erziehenden Müttern›, das Ganze unter dem ironischen Titel ‹Eine Mutter ist eine Mutter ist eine Mutter›.»

Und wie Parma damals schrieb: Doris Leuthard war schon so weit aufgestiegen, dass ihr ein Kneifen vor dieser Aufgabe als Schwäche ausgelegt werden könnte. Während der Weihnachts- und Neujahrsferien – Doris Leuthard hatte sich auf die Malediven verabschiedet – wurde munter weiterspekuliert. Judith Stamm, schon damals ein Leitfossil der CVP-Frauen, unmittelbar nach dem Bundesrats-Wahldebakel in einem Brief, den das damalige Magazin «Facts» abdruckte: «Hoffentlich übernimmst du das Präsidium nicht. Du würdest im Inneren der Partei zerrieben. Und wer in den nächsten Jahren die anderen Parteien führen wird, weisst du auch nicht. Und es ist fast pervers: Zu einer Bundesrätin deiner Generation konnte die Partei – die Fraktion – nicht Sorge tragen, und jetzt soll eine weitere Frau dieser Generation den Karren aus dem Dreck ziehen und in diesem Amt verheizt werden. Deiner Karriere wäre das nicht förderlich.»

Während der Ferien hatte sich Doris Leuthard völlig vom Politikbetrieb abgekoppelt. Es war noch die Zeit, in der man nicht ständig Mails kontrollierte und permanent erreichbar war. Unterdessen waren alle möglichen Kandidaturen diskutiert und wieder verworfen worden. Das Thema «CVP-Präsidium» hatte bei den Medien einen derart hohen Stellenwert, dass eine Reihe von Reportern am Flughafen Zürich wartete, um die Wunschkandidatin sogleich in Beschlag zu nehmen. Doch einer Mitstreiterin aus der Partei (und gleichzeitig eine persönliche Freundin) gelang es, das Ehepaar Leuthard vor dem Erscheinen in der Halle abzufangen und über die neuesten Entwicklungen zu informieren.

Das offizielle Bundesratsfoto von 2017: 1. Reihe: Alain Berset, Doris Leuthard (Bundespräsidentin), 2. Reihe: Simonetta Sommaruga, Ueli Maurer, 3. Reihe: Walter Thurnherr (Bundeskanzler), Ignazio Cassis, Guy Parmelin, Johann Schneider-Ammann

CVP

Am 18. September 2004: Bundesrat Joseph Deiss (links) und Nationalrat Dominique de Buman, FR, mit der soeben zur CVP-Parteipräsidentin gewählten Doris Leuthard.

Die Parteipräsidentin

An einem Tiefpunkt der Partei übernimmt Doris Leuthard die Präsidentschaft der CVP. Zwei Jahre später folgt der Sprung in den Bundesrat.

Doris Leuthard liess sich Zeit für die Entscheidung, ob sie Parteipräsidentin der CVP werden wolle. Taktisch geschickt entscheidet sie sich am 19. Januar 2004 nach reiflicher Überlegung für eine auf vier Monate beschränkte Ad-Interim-Führung. Hier leitet sie als Erstes einen Reformprozess ein. Ihre ohnehin schon nicht einfache Arbeit wird zusätzlich erschwert durch ein Buch, in dem Ruth Metzler schwere Vorwürfe gegen die CVP-Parteileitung erhebt, also auch gegen Vizepräsidentin Doris Leuthard. Bei der ist die abgewählte Magistratin aus Appenzell allerdings an der falschen Adresse. In einem Interview mit der «Aargauer Zeitung» vom 8. Juni 2004 will die Interimschefin der Partei einen Schlussstrich ziehen und richtet klare Worte an Ruth Metzler: «Am Mittwochmorgen des 10. Dezember, unmittelbar vor der Wahl, haben wir in der Fraktion mit ihr darüber gesprochen, was zu tun wäre, wenn sie im dritten Wahlgang nicht gewählt werden sollte. Damals waren wir alle der Meinung, gemäss dem Fraktionsbeschluss müsse sie erklären, dass sie im vierten Wahlgang nicht mehr zur Verfügung stehe. Mir scheint, Ruth Metzler habe lange selber nicht gewusst,

Es war unbestritten, dass sie auf dem dritten Platz das grössere Risiko trug als Joseph Deiss.

Obwohl Doris Leuthard das CVP-Präsidium zunächst nicht gesucht hatte, freut sie sich über ihre Wahl am 18. September 2004.

Im Gegensatz zu Ruth Metzler stützte Doris Leuthard ihre Macht von Anfang an sehr breit ab.

was sie will. Sie wollte sich alles offenhalten. Unbestritten ist, dass sie auf dem dritten Platz das grössere Risiko trug als Joseph Deiss, der erst im vierten antreten musste. Das war vom Wahlprozedere leider so gegeben.»

Auf den ersten Blick war es tatsächlich hart, dass eine junge Frau im Bundesrat «abgeschossen» wurde. Wie Insider der Bundespolitik erklären, war es Ruth Metzler in ihrer vierjährigen Amtszeit im Bundesrat jedoch nicht gelungen, sich eine solide Machtposition in der eigenen Partei, aber auch parteiübergreifend zu verschaffen. Deiss zu unterschätzen war ein Fehler unter anderen, den Ruth Metzler machte.

Ende Juni 2004, als Doris Leuthards Wahl als CVP-Präsidentin über die Bühne war, wurde sie gegenüber der Presse von den Präsidenten der FDP, SP und Grünen positiv aufgenommen. Ueli Maurer, damals SVP-Präsident, bemerkte trocken: «Sie strahlt ein gewisses Charisma aus, aber politisch ist sie profillos. Das bedeutet, dass die CVP wie bis anhin weiterwurstelt, einfach mit ein bisschen mehr Charme.»

Auf parteipolitischer Ebene gereichte es Doris Leuthard sicher zum Vorteil, dass die Aargauer Grossratswahlen im Februar 2005 positive Resultate für ihre Partei einbrachten: «CVP gewinnt mit Leuthard Stimmen» titelte der «Tages-Anzeiger». In der Tat konnte die CVP nach langen Jahren wieder einmal zulegen, von 15 % auf 17,6 %, wohingegen die SVP das erste Mal nach langen Jahren Verluste einstecken musste: Ihr Anteil sank von 33,5% auf 29,3%. Etwas euphorisch sprach Doris Leuthard damals davon, dass man vielleicht noch nicht 2007, aber 2011 den verlorenen Bundesratssitz zurückerobern könnte. Betrachtet man das Abschneiden der CVP in den Nationalratswahlen von 2007 (14,1% = +0,1%), 2011 (12,3% = -2,2%) und 2015 (11,6% = -0,7%) im Rückblick, so blieb dies ein frommer Wunsch, und der zweite Bundesratssitz für die CVP dürfte bis auf Weiteres Geschichte sein.

Als sich der vorzeitige Rücktritt von Bundesrat Deiss zur Jahreswende 2006 abzeichnete, brachte sich die CVP-Präsidentin am 30. Januar 2006 diskret wieder ins Rampenlicht, und zwar mit einer Homestory der «Schweizer Illustrierten» mit dem Titel «Die neue Helvetia». Nicht alle politischen Beobachter interpretierten diese Positionierung wie der Nestor der Schweizer PR-Branche und erfahrene Stratege Klaus J. Stöhlker tags darauf in der «Aargauer Zeitung». Für ihn war sofort klar, dass Doris Leuthard nun ihre Bereitschaft für eine Bundesratskandidatur demonstrierte, aber er hatte auch Kritik bereit: die Bildsprache (Doris Leuthard rittlings auf einem Expo-2002-Stuhl mit zwei in die Luft erhobenen Hanteln) fand er des Guten zu viel. Hier habe sie sich als «weiblicher Macho» inszeniert.

Doris Leuthard in der Wandelhalle des Bundeshauses.

Medienrummel: Doris Leuthard wird am 14. Juni 2006 von der Bundesversammlung zur Bundesrätin gewählt.

Heute, über zwölf Jahre später, sagt Doris Leuthard, dass sie sich die Entscheidung für oder gegen eine Kandidatur keineswegs einfach gemacht habe: «Aufgrund des engen Kontakts zu unserem CVP-Bundesrat, Joseph Deiss, hatte ich einen ziemlich guten Einblick in das Berufsleben eines Bundesrates und die körperliche und seelische Belastung, der man ausgesetzt ist. Für mich war klar, dass ich eine solche Herausforderung nur mit der uneingeschränkten Unterstützung meines Ehemannes und meiner Familie bewältigen konnte. Nur schon die Frage der Haushaltsführung musste neu gelöst werden, denn bis anhin herrschte bei uns zu Hause eine ziemlich traditionelle Rollenverteilung. Ausserdem übte ich meinen Hauptberuf als Rechtsanwältin ja eigentlich ganz gerne aus, sodass es einiges zu besprechen und abzuklären galt, bevor ich mich klar für oder gegen eine Kandidatur aussprechen konnte.»

Bereits Wochen vor der Bundesrats-Ersatzwahl war klar, dass dies ein sogenanntes One-Horse-Race werden würde, ein Sololauf! Am 29. April 2006 schrieb der NZZ-Bundeshauskorrespondent Daniel Gerny: «Wenn Leuthard will, wird sie am 14. Juni zum 109. Mitglied des Schweizerischen Bundesrats gewählt.» Gerny wie auch andere Bundeshausjournalisten packten Doris Leuthard nun plötzlich sehr kritisch an. Da war die Rede von mangelnder Exekutiverfahrung, mangelndem volks- und betriebswirtschaftlichem Wissen oder gar von der Absenz jeglicher Führungserfahrung (Denis von Burg in der «Sonntagszeitung»). Arbeitgeberpräsident Peter Hasler urteilte im «Tages-Anzeiger», Doris Leuthard fehlten «Kenntnisse der Wirtschaft», und ein anonym bleibender «Spitzenbeamter» des Volkswirtschaftsdepartements frotzelte: «Ihr wirtschaftliches Rüstzeug hat nicht jenen Standard, den man von einem Wirtschaftsminister erwarten müsste.» Es sei schwer vorstellbar, dass sie das mächtige und zerstrittene Staatssekretariat für Wirtschaft unter Kontrolle brächte: Im Bundeshaus würde mit ihr Schlitten gefahren.

Noch bevor sich Doris Leuthard entschieden hatte, ob sie für den Bundesrat kandidieren würde, wurde sie von der Presse hinsichtlich ihrer Eignung durchleuchtet. Da war die Rede davon, dass sie sich in wichtigen Diskussionen innerhalb der Kommissionen oft zurückhalte. Ein weiterer Vorwurf war, dass sie bei Abstimmungen oft fehle, wobei dies auch beim damaligen Nationalrat Christoph Blocher der Fall gewesen sei. Die Tageszeitung «Blick» wiederum sammelte die Meinungen in der Vox populi ein: «Endlich eine fähige Frau», «jung dynamisch und ambitiös» oder ganz einfach: «Endlich wieder eine schöne Bundesrätin», wie ein Leser aus Madagaskar meinte.

Bereits Wochen vor der Bundesrats-Ersatzwahl war klar, dass dies ein Sololauf werden würde.

Als prophetisch erwies sich wiederum die Bundeshauskorrespondentin der «NZZ», Monika Rosenberg, die unter dem Titel «Freiämtersturm» schrieb: «Vom aargauischen Merenschwand war schon einmal eine Erneuerungsbewegung ausgegangen. Im sogenannten Freiämtersturm besetzte 1830 der ‹Schwanen›-Wirt Heinrich Fischer mit einem Heer von Freiwilligen kampflos die Stadt Aarau, um dem reaktionären Grossen Rat eine Verfassungsrevision abzutrotzen. Das moderne Gesicht der CVP, das bereits als die wahre Miss Schweiz bezeichnet wurde, wird seine Wetterfestigkeit erst noch beweisen müssen. Wer von den Medien derart hochgeschaukelt wird, kann nach den Gesetzen des Marktes eigentlich nur noch fallen – wie es für den Gipfelstürmer nach dem Erreichen des Ziels auch nur noch abwärts gehen kann. Aber vielleicht hebelt der Leuthard-Effekt sogar diese Gesetzmässigkeiten aus.»

Wer von den Medien derart hochgeschaukelt wird, kann nach den Gesetzen des Marktes eigentlich nur noch fallen.

Einige Tage vor Doris Leuthards Wahl sagte die FDP-Ständerätin Christiane Langenbeger: «Es fehlt im Bundesrat die Erfolgsgeschichte einer bürgerlichen Frau.» Am 14. Juni 2006 wurde Doris Leuthard mit 133 Stimmen in den Bundesrat gewählt. Dies war kein Glanzresultat, aber man wollte, wo eh schon klar war, dass sie sicher gewählt würde, nicht noch durch ein blendendes Wahlergebnis zusätzlichen Druck aufbauen. – So besonnen und empathisch können Parlamentarier sein.

Am Vorabend der Wahl reiste Doris Leuthard zusammen mit einem Bus voller Parlamentarier übrigens zum WM-Spiel Schweiz-Frankreich nach Stuttgart. Als Fan natürlich im roten T-Shirt mit dem Schweizerkreuz. Auf dem Weg dorthin klopfte sie noch einen Jass mit dem inzwischen verstorbenen SVP-Nationalrat Bruno Zuppiger gegen das Duo Jürg Stahl (SVP) und Gerold Bührer (FDP). Mit diesem politischen «Polterabend» wurde ihr bisheriges Leben verabschiedet. Am Tag der Wahl standen sechs Bodyguards und eine schwarze Limousine vor der Tür, als sie das Haus verlassen wollte. – Das zukünftige Leben hatte begonnen.

Aus Merenschwand war eine stattliche Delegation angereist, allen voran ihr Vater Leonz und ihre Mutter Ruth. Ihnen, ihren drei Brüdern und all ihren Freunden war es egal, dass Doris Leuthard kein Spitzenresultat erzielt hatte. Der Jubel war gigantisch. Ein paar Tage gab es zum Feiern in Bern und in Merenschwand, wenige Wochen, um das bisherige Berufs- und Privatleben neu aufzustellen, und dann war die Zeit gekommen für den Amtsantritt – am Bundesfeiertag 2006, am 1. August.

Simon Spengler fasste die Entwicklung der Jahre 1999 bis 2006 gekonnt zusammen: «Die Spuren der Doris Leuthard (43) zu verfolgen ist ähnlich, wie einen Floh auf der Matratze zu jagen. Kaum hat sie eine Karrieresprosse erklommen, ist sie schon wieder weitergesprungen.»

Nun war dieses Berufsleben auf der Überholspur einer Zeit der Konstanz und Bewährung gewichen. Was das Tempo der Arbeit anging, folgte indes eine neue Überholspur.

Am Tag vor ihrer Wahl zur Bundesrätin reist Doris Leuthard zusammen mit einer überparteilichen Gruppe von Parlamentariern ans WM-Gruppenspiel Schweiz-Frankreich nach Stuttgart. Dabei trägt sie das Hopp-Schwiiz-T-Shirt.

Wie sieht Doris Leuthard diese turbulenten sieben Jahre von 1999 bis 2006 im Rückblick? «Ich hatte das Glück, dass zur gleichen Zeit (1999) Jean-Michel Cina in den Nationalrat gewählt wurde, mit dem ich mich sehr gut verstand. Wir ergänzten einander auch insofern, als er 2002 die Leitung der CVP-Fraktion übernahm, wohingegen ich mich in der Parteiführung engagierte.

Die grösste Herausforderung war damals sicherlich die politisch schwierige Situation um die Abwahl unserer CVP-Bundesrätin Ruth Metzler zugunsten von Joseph Deiss. Es ging bei der Bundesratswahl von 2003 nicht nur darum, die politische Schadensbegrenzung zu managen, die diese Änderung der altgedienten ‹Zauberformel› mit sich brachte. Hinter dem Verlust dieses einen CVP-Bundesratssitzes verbarg sich ja auch ein menschliches Schicksal, was für mich eine grosse emotionale Belastung bedeutete.

Eigentlich hatte ich mich instinktiv auf die Seite von Ruth Metzler gestellt und aus genderpolitischen Überlegungen das Benachteiligen (zit.: «Abschiessen») einer jungen Frau zugunsten des männlichen Rivalen als unfair empfunden. Anderseits hatte sie aber auch politische Fehler begangen, vor allem wenn ich an die von ihr propagierte Einführung eines nationalen Waffenregisters denke. Naturgemäss schuf sie sich damit auch Feinde in bürgerlichen Kreisen und dies, obwohl die Partei sich zuvor vehement gegen dieses Vorhaben ausgesprochen hatte. Als Konsequenz daraus entzog ihr ein Teil des bürgerlichen Lagers im Parlament die Unterstützung und entschied sich für Joseph Deiss, der im Vorfeld der Bundesratswahlen ganz einfach weniger Fehler gemacht hatte.
Dieser Prozess forderte mir einiges an Zeit und Energie ab, denn als Vizepräsidentin der CVP war ich damals natürlich hautnah involviert und es schien mir wichtig, dass bei der Aufarbeitung der Ereignisse ein sauberes Verfahren ohne Ränkespiele zur Anwendung kam.»

2013: Ansprache auf der Alpe Campo della Torba, wo Doris Leuthard die 1. August-Feier eröffnet.

世界知名、全国
成都高

Bundesrätin Doris Leuthard am 11. Juli 2007 vor dem Beginn einer Sitzung in Chengdu, China.

Nach der Wahl mit 133 von 234 gültigen Stimmen wird Doris Leuthard am 14. Juni 2006 als neue Bundesrätin vereidigt.

Die Wirtschaftsministerin

Ihre ersten vier Jahre steht die neue Bundesrätin dem Volkswirtschaftsdepartement vor. Bei den Bauern erwartet sie nicht nur Applaus.

Der Jubel unter all den zahlreichen Anhängern von Doris Leuthard war gigantisch, als sie nach ihrer Wahl auf den Bundesplatz heraustrat. Und am Abend des 14. Juni 2006 war ihre Heimatgemeinde Merenschwand im festlichen Ausnahmezustand: Alt und Jung waren in der Mehrzweckhalle zusammengeströmt, um «ihre» Bundesrätin zu feiern, und sowohl die Schüler der Unterstufe wie auch ihre ehemaligen Kollegen von der Oberstufe trugen je ein extra komponiertes Doris-Leuthard-Lied vor. Reporter von allen möglichen Zeitungen, Radio- und Fernsehkanälen befragten jeden verfügbaren Dorfbewohner über Doris Leuthard, von denen etliche der Presse auch Red und Antwort standen. So zeigte der pensionierte Schulhausabwart Josef Fischer dem «Blick»-Team beispielsweise stolz den Haken, an dem Doris als Primarschülerin ihren Finkensack aufgehängt hatte. Dies war jedoch erst das spontane Fest. Ein noch grösseres für den ganzen Kanton Aargau folgte am 22. Juni. Danach hatte die frisch gewählte Bundesräte anderthalb Monate Zeit, um das Leben gänzlich neu zu organisieren, sprich: ihre Anwaltstätigkeit zu beenden, ihre Mandate zu übergeben und von sämtlichen Funktionen in Stiftungs- und Verwaltungsräten zurückzutreten.

Am Abend des 14. Juni 2006 befand sich Merenschwand im festlichen Ausnahmezustand.

Mit Leuthards angekündigtem «Zuckerbrot und Peitsche» werden sich altgediente Regierungsmitglieder nicht disziplinieren lassen.

Der Eintritt in den Bundesrat war im Sommer 2006 alles andere als einfach. Die charakterlich bedingten Gegensätze führten zu beträchtlichen Spannungen und Konflikten, die nicht nur einem Insiderkreis bekannt waren, sondern genauso jedem aufmerksamen Zeitungsleser. Als Kandidatin für das höchste Amt hatte sich Doris Leuthard zuversichtlich gezeigt, erfolgreich darauf hinzuwirken, dass der Bundesrat wieder als Team auftreten werde. Dies wiederum hat in der Regierung Verärgerung hervorgerufen. Zehn Tage vor der Wahl prophezeite die «SonntagsZeitung» Doris Leuthard eine harte Bewährungsprobe in der Landesregierung: «Sicher ist: Doris Leuthard wird am Funktionieren des Bundesrats viel weniger ändern können, als sie vorgibt. Die politische Polarisierung wird bleiben, die den Bundesrat in den letzten Jahren zu einer Art Mini-Parlament werden liess, in dem es nicht mehr zu Konsenslösungen, sondern immer öfter zu Mehrheitsentscheiden kommt. Die meisten anderen Regierungsmitglieder haben kein Interesse daran, dass Leuthards Rezept funktioniert. Denn es ist das klassische CVP-Rezept: Leuthard suggeriert mit ihren Aussagen, die CVP und ihre Vertreterinnen könnten die Schweiz und den Bundesrat zusammenhalten. Mit Konsens statt Konfrontation werde alles besser. Die tonangebenden Parteien SVP und SP indes leben von der Polarisierung. Sie suchen Konfrontation, nicht CVP-Konsens.

Mit «Zuckerbrot und Peitsche», wie Leuthard in ‹Facts› ankündigte, werden sich altgediente Regierungsmitglieder nicht disziplinieren lassen. Die drei machthungrigsten Bundesräte Christoph Blocher, Pascal Couchepin und Micheline Calmy-Rey werden ihre ‹Star›-Rollen nicht mit Leuthard teilen wollen. Couchepins Feindschaft zu CVP-Vertreter Joseph Deiss, die sich zuletzt in Auseinandersetzungen um Kampfhunde, Freihandel und ein Bildungsdepartement äusserte, könnte sich auf Leuthard übertragen. Denn die Fehde ist stark parteipolitisch motiviert: Couchepin ist im Wallis im

Kampf gegen die dort omnipräsente CVP gross geworden. Seine FDP befindet sich auf Bundesebene in einem harten Verteilkampf um die politische Mitte gegen die CVP. Der Innenminister soll Leuthard intern als Strahlefrau bezeichnet haben, hinter deren Fassade wenig Substanz stecke.

Micheline Calmy-Rey heisst Leuthard zwar in Interviews bereits als zweite Frau im Bundesrat willkommen. Zugleich betont sie aber, so schlimm, wie er in den Medien dargestellt werde, sei der Zustand des Bundesrats nicht. Und die Frauen-Show will sich die Genferin von Leuthard nicht stehlen lassen.» Vieles von dem, was in diesem Menetekel stand, trat in der Folge auch tatsächlich ein.

Im schweizerischen Regierungssystem, in dem das Bundesratspräsidium jährlich wechselt, sind permanente Ausmarchungen

Doris Leuthards Banknachbarin Viola Amherd (Bundesratskandidatin 2018) gratuliert der soeben gewählten neuen Bundesrätin Doris Leuthard.

Im Wahljahr von Doris Leuthard war die Konstellation im Bundesratspräsidium besonders schwierig.

um Einfluss vorprogrammiert, und auch der eine oder andere Konflikt ist unumgänglich. Ob sie wollen oder nicht, müssen die sieben Männer und Frauen miteinander funktionieren. 2006, im Wahljahr von Doris Leuthard, war die Konstellation jedoch ganz besonders schwierig, wie die «Weltwoche» auch acht Jahre später noch bestätigte: «Als Christoph Blocher und Pascal Couchepin in der Regierung sassen, waren Auseinandersetzungen an der Tagesordnung. Es wurde weniger diskutiert, dafür mehr mit Abstimmungen entschieden. Blocher produzierte Mitberichte in grosser Zahl. Aber grosse Debatten führen über ein Geschäft wollte er nicht, sondern sofort zur Abstimmung schreiten. Couchepin war meistens Feuer und Flamme dafür, weil er überzeugt war, die Mehrheit in der Regierung hinter sich zu wissen. Ging es um Geschäfte von Linken und CVP, spannten Blocher und Couchepin zusammen. Auf Antrag von Blocher und gegen den Willen des damaligen Wirtschaftsministers Joseph Deiss (CVP) und der zwei SP-Bundesräte Micheline Calmy-Rey und Moritz Leuenberger flog 2004 beispielsweise die Krippenfinanzierung aus der Legislaturplanung. Auch nach Blochers Abwahl ging es im gleichen Stil weiter. In der Affäre um die Libyen-Geiseln schenkten sich Hans-Rudolf Merz, Micheline Calmy-Rey, Doris Leuthard und Moritz Leuenberger nichts.»

2010 wunderte sich der mittlerweile verstorbene Inlandschef der «NZZ», René Zeller, dass sich die Zusammenarbeit im Bundesrat trotz der Abwahl von Christoph Blocher und dem Ausscheiden Couchepins nicht verbessert habe: «In der vergangenen Legislatur sassen drei Alphatiere im Bundesrat: Pascal Couchepin, Christoph Blocher, Micheline Calmy-Rey. Erstaunlich ist, dass seit der Abwahl Blochers und der Demission Couchepins der Bundesrat nicht besser harmoniert, sondern schlechter als zuvor. Die machtbewusste Aussenministerin hat in der Libyen-Affäre mit Sicherheit interne Konflikte geschürt; während der Finanzkrise war sie an den ‹innerbetrieblichen› Turbulenzen mindestens beteiligt. Es wäre aber voreilig, einseitige Schuldzuweisungen zu machen. Finanzminister Hans-Rudolf Merz hat in der Finanzkrise mit Sicherheit vieles falsch gemacht; in der Libyen-Affäre markierte er mindestens die tragische Figur. Auch die Westen anderer Bundesräte sind nicht blütenrein. Das Management by Indiskretion, der subtil geführte Kleinkrieg zwischen den einzelnen Departementen: Diese Disziplinen sind salonfähig geworden. Der Bundesrat sollte erstens sein Krisenmanagement verbessern. Wenn es

Drei Generationen der Familie Leuthard feiern die Wahl von Doris in den Bundesrat. In der Mitte ihre Eltern Leonz und Ruth. Das verbotenerweise ausgerollte Transparent wird stillschweigend geduldet.

brennt, wie in der Libyen-Affäre, gehört der Kapitän auf die Brücke. Es war richtig, dass Bundespräsidentin Doris Leuthard am Montag das Kommando übernahm, nachdem Micheline Calmy-Rey übers Wochenende Interviews im Multipack gegeben hatte. Falsch war allerdings, dass die Bundespräsidentin mit ihrer kryptischen Erklärung neue Fragezeichen zuhauf in die Welt setzte.»

Seit einer Homestory in der «Schweizer Illustrierten», in der zwei Dutzend Paar Schuhe sichtbar waren, haben sich auch die Schweizer Karikaturisten mit dem Thema Kleider und Schuhwerk von Bundesrätin Leuthard auseinandergesetzt.

Im Vergleich zu den ersten viereinhalb Jahren im Bundesrat sind die Verhältnisse heute nachgerade idyllisch. Nicht nur, weil es keinen Mega-Stressfaktor wie die Finanzkrise oder die Libyen-Krise gibt, sondern weil der Bundesrat – bei allen Abgrenzungen und persönlichen Vorlieben – primär nach dem Kooperations- und nicht mehr nach dem Kampfprinzip funktioniert.

Im Vergleich zu den ersten viereinhalb Jahren im Bundesrat sind die Verhältnisse heute geradezu idyllisch.

Doch zunächst zu den Fakten: 2500 Mitarbeiter, zwölf Milliarden Franken Aufwand pro Jahr, fünf Bundesämter und acht Verwaltungsstellen. Eine Organisation von dieser Komplexität würde manchen Topmanager in einem international tätigen Unternehmen massiv fordern, und obwohl Doris Leuthard als Präsidentin der CVP Führungserfahrung gesammelt hatte, war bei ihrem Amtsantritt eine längere und sehr intensive Einarbeitungsphase nötig. Nach über zwölf Jahren im Bundesrat erinnert sie sich noch sehr genau an diese Zeit: «Glücklicherweise war ich vor meinem Amtsantritt in der Wirtschaftskommission des Nationalrates, sodass ich zumindest mit den aktuellen Themen im Volkswirtschaftsdepartement einigermassen vertraut war. Aber nur schon das Einarbeiten in standardisierte Prozesse, wie zum Beispiel die Vorbereitung von Botschaften, stellt eine ziemlich komplexe Herausforderung dar und es gibt enorm viel an Informationen zu verarbeiten. Um so ein Department wirklich überblicken und das anfängliche Gefühl der Überforderung ablegen zu können, dauert es sicher ein Jahr. Zusätzlich muss man sich ja auch in die Fragestellungen der anderen Ministerien einarbeiten, denn über sämtliche relevanten Themen entscheidet der Bundesrat als Kollegialbehörde.»

Gerne denkt sie jedoch an die grosse Hilfsbereitschaft seitens ihrer Kadermitarbeiter und -mitarbeiterinnen: «Amtsdirektoren wie auch Angestellte wissen genau, dass man als gewählte Bundesrätin eine unumstrittene Chefposition innehat, sodass Respekts- oder Akzeptanzprobleme nie ein Thema wurden. Allerdings bin ich auch auf die Mitarbeitenden zugegangen und habe sie um ihre tatkräftige Unterstützung bei der Einarbeitung in gewisse Dossiers oder Sachverhalte gebeten, was eigentlich recht gut ankam. Ich bin der Auffassung, dass man seine Einstiegsschwierigkeiten, aber auch seinen Lernwillen durchaus offenlegen darf, denn in einer solchen Situation bringt es nichts, so zu tun, als ob man bereits mit allen Wassern gewaschen wäre.»

Doris Leuthard musste schnell lernen, dass das Amt und die Würde eines Bundesrats keineswegs vor harscher Kritik von allen Seiten schützen. In der Presse sowieso, aber auch bei Begegnungen mit Interessensgruppen. Pfiffe von Gewerkschaftern gleich zu Beginn ihrer Amtszeit waren da noch harmlos.

Den Tiefpunkt öffentlich geäusserten Volkszorns erlebte sie im Jahr 2009 in Saignelégier im Kanton Jura. Am 23. Oktober wollte sie dort die Käseolympiade eröffnen, wurde allerdings durch eine Protestaktion lokal ansässiger Landwirte unterbrochen. Wütende Bauern, die damit gegen die (international notwendige) Liberalisierung der Landwirtschaft protestierten, störten ihre Rede zunächst mit Pfiffen und Buhrufen, bevor sie sie 28 Gummistiefel auf die Bühne warfen. Um eine Eskalation zu verhindern, wurde die Bundesrätin von einem grossen Polizeiaufgebot sowie einem Team von Leibwächtern in Sicherheit gebracht und konnte den eigentlichen Zweck ihres Besuchs erst mit Verzögerung realisieren.

Wütende, gegen die Liberalisierung der Landwirtschaft protestierende Bauern warfen 28 Gummistiefel auf die Bühne.

Als 2008 das ganze Ausmass der Finanzkrise klar wurde, blieben nur drei Monate, um Gegenmassnahmen zu verabschieden.

Wie die Gewerkschaft Uniterre betonte, habe man nicht die Bundesrätin direkt, sondern die «politische Bühne» als solche symbolisch bewerfen wollen.

Doris Leuthards Gegner nahmen diesen Pass bereitwillig an und spielten ungeniert auf die Frau, etwa indem die mächtige Bauernlobby in der SVP forderte, der Bundesrätin das Agrarhandelsdossier zu entziehen. Und auch ihr Nachfolger im CVP-Parteipräsidium, Christoph Darbellay, dürfte ihr wenig Freude bereitet haben mit seiner Forderung, den Agrarfreihandel zu begraben, wenn nicht bald eine WTO-Runde komme.

Das Jahr 2008 war für Doris Leuthard und sicher auch für den gesamten Bundesrat eines der schwierigsten in der jüngeren Geschichte. Durch die in den USA ausgelöste und von amerikanischen Investmentbanken ausgehende Finanzkrise geriet das internationale Finanzsystem an die Grenze eines Kollapses. Auch die UBS drohte, in den durch den Crash der Investmentbank Lehman Brothers ausgelösten Turbulenzen unterzugehen. Der Bundesrat konnte, wollte und durfte einen Untergang dieser systemrelevanten Bank nicht zulassen und entschied, ein Rettungspaket im Umfang von 60 Milliarden Franken zur Verfügung zu stellen. Als wäre dies nicht schon genug, erlitt der schweizerische Finanzminister Hans-Rudolf Merz Ende September 2008 einen Herzstillstand und entkam nur knapp dem Tod.

Zehn Jahre nach den dramatischen Wochen erinnert sich Doris Leuthard an diese enorme Stressphase zurück: «Zu meinen damaligen Aufgaben gehörte die Leitung der Sitzungen des Wirtschaftsausschusses, was mir natürlich einen umfassenden Einblick in die diskutierten Problemlösungsansätze und das Gebaren der beteiligten Akteure gab. Gleichzeitig erinnere ich mich auch an einen Fehlentscheid des EVD, für das ich damals die Verantwortung trug. So ergab es sich, dass die von uns ausgewerteten Zahlen nicht darauf hindeuteten, dass sich die Schweiz bereits auf dem Weg in eine Rezession befand, was mich veranlasste, eine Rezession zu verneinen und gegen ein grösseres Konjunkturpaket zu argumentieren. Als dann 2008 das ganze Ausmass der Finanzkrise klar wurde, blieben uns lediglich drei Monate, um entsprechende Gegenmassnahmen zu verabschieden und zu implementieren. Das war für alle Beteiligten sehr belastend.»

Besonders schwierig war es, die Geheimhaltung in einem Gremium und dessen engstem Umfeld, das in der Vergangenheit nicht frei von Indiskretionen gewesen war, sicherzustellen. Doris Leuthard meint heute dazu: «Obwohl ich fachlich nicht direkt für die Lösungsvorschläge und -massnahmen zuständig war – dafür hatte der Bundesrat ja all diese Experten herangezogen –, war der Bundesrat dafür verantwortlich, die höchste Geheimhaltungsstufe zu garantieren, denn es wäre für die Sache höchst schädlich gewesen, wenn von diesen Verhandlungen etwas an die Öffentlichkeit gedrungen wäre. Dies hat natürlich zusätzlichen Druck und damit einhergehenden Stress verursacht, denn es ist ziemlich aufwendig, ein Geheimhaltungsdispositiv nicht zu kompromittieren, und die Angst, etwas falsch zu machen, wird zum Dauerbegleiter.»

Die ausführliche Schilderung dieser Stresssituationen soll aber nicht darüber hinwegtäuschen, dass Doris Leuthard während ihrer ersten vier Bundesratsjahre eine Reihe von Erfolgen verbuchen konnte. So brachte sie in ihren vier Jahren an der Spitze des Volkswirtschaftsdepartements (heute WBF) diverse Freihandelsabkommen mit grossen und kleineren Staaten entweder bilateral oder im Kontext der EFTA unter Dach und Fach. Die Unterzeichnung des Freihandelsabkommens

Regierungsvertreterinnen und -vertreter der EFTA-Staaten und Serbien unterzeichnen in Genf am 17. Dezember 2005 ein Freihandelsabkommen. Für die Schweiz firmiert Wirtschaftsministerin Doris Leuthard.

Beim Wechsel ins UVEK übergibt Doris Leuthard im November 2010 den Schlüssel des Eidgenössischen Volkswirtschaftsdepartements (EVD, heute WBF) und eine Flasche Wein an ihren Nachfolger Johann Schneider-Ammann.

zwischen der EFTA und China vom 21. Juni 2011 fiel zwar nicht mehr in ihre Zuständigkeitszeit, sehr wohl aber dessen Vorbereitung.
Sodann begründete die Magistratin während ihrer ersten vier Regierungsjahre ihren Ruf als Gewinnerin in Abstimmungskämpfen: Das Nein für ein Verbot von Kriegsmaterialexporten (2009), das Ja für die Weiterführung der Personenfreizügigkeit sowie dessen Ausdehnung auf Rumänien und Bulgarien (2010), das Nein zur Initiative über Tieranwälte und ebenso das Ja zur Sanierung der Arbeitslosenversicherung – dies alles geht auf ihr Konto.

Am Ende ihrer über zwölfjährigen Amtszeit sieht Doris Leuthards Bilanz über ihre Arbeit an der Spitze von zwei Departementen wie folgt aus: «Unter meiner Führung hatte das EVD 2010 die Arbeitslosenversicherung saniert; ein Erfolg, auf den ich stolz bin. Eigentlich handelte es sich dabei ja um eine Art sozialer Schuldenbremse, die vor allem wegen des damaligen Hauptproblems, einer relativ hohen Jugendarbeitslosigkeit, dringend nötig geworden war. Dabei wurden auch gute Lösungsansätze bei den begleitenden Massnahmen gefunden, wie z. B. die Attest-Ausbildung und die Einführung des 10. Schuljahres.

Mit der Finanzkrise 2008/09 kamen dringliche Forderungen nach grossen Konjunkturpaketen, gegen die ich mich aber erfolgreich zur Wehr setzen konnte. Im Falle der UBS, wo ja die öffentliche Diskussion um das ‹Too big to fail›-Argument ziemlich hohe Wellen schlug, leitete ich den Wirtschaftsausschuss mit dem positiven Resultat, dass die beschlossene UBS-Rettung trotz der damit verbundenen Risiken im Endeffekt auch für den Staat ein profitables Geschäft war.

Wo ich hingegen nicht viel bewegen konnte, war in der Landwirtschaftspolitik. Da halfen auch die Gummistiefel nichts, mit denen ich von aufgebrachten Mitgliedern der Westschweizer Bauerngewerkschaft Uniterre in Saignelégier beschenkt worden war. Trotz Protestaktionen hat sich leider bis heute die Situation nicht wirklich verbessert, und die Bauern weigern sich bis heute mehr oder weniger erfolgreich, sich dem Wettbewerb zu öffnen. Mein Kollege Schneider-Ammann, der nun für das Dossier zuständig ist, kämpft leider immer noch an der gleichen Stelle.

Ich erinnere mich noch gut an all die emotionalen Sitzungen mit den Bauernvertretern, bei denen man meine Ausführungen vordergründig mit viel Nicken und Zustimmung entgegengenommen, aber im Nachhinein trotzdem abgeschmettert hatte. In aller Regel zog man sich dann auf die immer gleiche, unverrückbare Position zurück, die das Ende der Landwirtschaft und des Bauernstandes heraufbeschwörte.

Dafür konnte ich auf dem Gebiet der Handelsverträge einige Erfolge verzeichnen. Ich durfte zehn Abkommen unterzeichnen, u. a. mit Japan und Kanada, und die Vorbereitung des Freihandelsabkommens mit China, welches am 1. Juli 2014 in Kraft trat, in die Wege leiten.

Eigentlich wäre ich gerne im EVD geblieben, wenn ich zusätzlich auch noch die Bildung hätte übernehmen können. Dieser Wunsch fiel aber bei meinem Kollegen Pascal Couchepin, damals Vorsteher des Innendepartements, auf taube Ohren, und auch unter seinem Nachfolger im EDI, Didier Burkhalter, änderte sich nichts. Ich war aber bereit für etwas Neues und somit entschied ich mich für einen Wechsel ins UVEK.»

Die Sanierung der Arbeitslosenversicherung ist ein Erfolg, auf den Doris Leuthard stolz ist.

Als Vorsteherin des Eidgenössischen Departements für Umwelt, Verkehr, Energie und Kommunikation besucht Doris Leuthard die Sonderausstellung «NEAT – Tor zum Süden» im Verkehrshaus am 23. März 2016.

Die Superministerin

Nach der Feuerprobe in der Volkswirtschaft folgt der Sprung ins Riesendepartement UVEK. Dann kam Fukushima – und alles war anders.

Als Doris Leuthard im Herbst 2010, gegen Ende ihres ersten Präsidialjahres, vom Eidgenössischen Volkswirtschaftsdepartement (EVD, heute WBF) ins Departement für Umwelt, Verkehr, Energie und Kommunikation (UVEK) wechselte, war sie auf einem ersten Höhepunkt der Popularität. – Etliche weitere sollten folgen. Die bisherige Vorsteherin des Volkswirtschaftsdepartements wusste sehr genau, was mit dem Wechsel auf sie zukam: «Beim UVEK wird fast ein Drittel aller Bundesratsgeschäfte abgewickelt, aber ich bin in der glücklichen Lage, dass ich über einen ausgesprochen fähigen Direktions- und Mitarbeiterstab verfügen kann. Allerdings kann ich hier auch sehr viele Synergien nutzen, denn thematisch haben sich die Dossiers Umwelt, Energie und Verkehr in den letzten Jahren so entwickelt, dass man durch eine zweckmässige Koordination der Aufgaben sehr viel erreichen und eine kohärente Politik aufbauen kann. Was sicher auch geholfen hat, war der Aufbau von designierten Geldmitteln (Fonds) für Bahn und Strasse. Es erleichtert die Arbeit ungemein, wenn man nicht jedes Jahr von Neuem für die Investitionsmittel kämpfen muss.» Was immer die Magistratin für eine Agenda zur Führung ihres Departements hatte, es war ein externes

Im Departement für Umwelt, Verkehr, Energie und Kommunikation kann Leuthard sehr viele Synergien nutzen.

Doris Leuthards Auftakt in der neuen Funktion war fulminant.

Ereignis, das auf Jahre hinaus einen Schwerpunkt in ihrer Arbeit setzte und gleichzeitig ein radikales Umdenken initiierte: Die Reaktorkatastrophe im japanischen Kernkraftwerk Fukushima vom 11. März 2011 als Folge eines Seebebens und nachfolgenden Tsunamis.

Zunächst jedoch ein Blick zurück: Rechtzeitig zum Departementswechsel von Doris Leuthard diktierte der damalige Präsident der economiesuisse, Gerold Bührer, dem «SonntagsBlick» seinen Wunschzettel für die Bundesrätin in die Tasten. Dabei nannte er Themen wie die zweite Gotthardröhre, die Privatisierung der SRG (Schweizerische Radio- und Fernsehgesellschaft), die Liberalisierung der Post, den Ausbau der Autobahnen und vor allem den Bau von zwei neuen Atomkraftwerken bis zum Jahr 2020. Abgesehen von allen anderen Themen, bei denen mehr oder weniger Fortschritte in Bührers Sinn erzielt worden waren, änderte die Katastrophe von Fukushima alles in der bundesrätlichen Energiepolitik – und nicht nur in dieser.

Doris Leuthards Auftakt in der neuen Funktion war fulminant. Nach 100 Tagen im neuen Departement tischte sie einen Massnahmenplan für all ihre Tätigkeitsbereiche auf, der nicht nur aufhorchen liess, sondern aufrüttelte und provozierte. Unter dem Titel «Die Turboladerin» referierte der «Tages-Anzeiger» Ende Januar 2011 das Massnahmenpaket der neuen Ministerin: «Rund 100 Tage sind vergangen, seit Doris Leuthard (CVP) vom beschaulichen Volkswirtschaftsdepartement in das verwaiste Riesenreich von Moritz Leuenberger (SP) gewechselt hat. Schon in dieser kurzen Zeit hat die neue Herrin über Verkehr, Rundfunk und Energie fast die ganze Schweiz gegen sich aufgebracht. Gelungen ist ihr dies mit ihrem letzte Woche präsentierten grossen Massnahmenpaket, das die benötigten Zusatzmittel für Strasse und Schiene generieren soll. Praktisch niemand ist zufrieden: Linke und Grüne kritisieren, dass die Billettpreise im öffentlichen Verkehr steigen sollen. Die SVP schimpft gegen die geplante Verteuerung der Autobahnvignette und des Benzins. Die FDP lehnt Mehreinnahmen generell ab. Die Kantone sträuben sich dagegen, dass sie 300 Millionen Franken in den geplanten Bahninfrastrukturfonds einschiessen sollen. Die Interessenvertreter der Berggebiete sehen in der vorgesehenen Reduktion der Pendlerabzüge eine Bedrohung für die Randregionen. Und nicht einmal die eigene Partei, die CVP, stellt sich vorbehaltlos hinter die neue Infrastrukturministerin.» Die Zeitung befürchtete, das Doris Leuthard enden könnte wie Pascal Couchepin: «Leuthard ging über die Einwände nonchalant hinweg und mischte diverse abgelehnte Ingredienzien zu jenem Eintopf zusammen, den sie nun der Öffentlichkeit als verkehrspolitisches Zukunftsrezept auftischt. Beobachter fühlen sich an Pascal Couchepin erinnert, bei dem ähnliche Vorgehensweisen zu jahrelangen Blockaden in der Gesundheits- und Sozialpolitik führten.»

Die meisten dieser verkehrspolitischen Diskussionen wurden jedoch durch das erwähnte Grossereignis Fukushima im März 2011 für Wochen und Monate auf politisches Eis gelegt. Doris Leuthard begann

Doris Leuthard als Vorsteherin des Eidgenössischen Departements für Umwelt, Verkehr, Energie und Kommunikation (2012).

2011 begann für Doris Leuthard ein politischer Triathlon, der sich über sechs Jahre hinzog.

in dieser Situation einen politischen Marathon oder, besser gesagt, eher einen Triathlon für die nächsten sechs Jahre. Immer mit dem Gesamtbundesrat im Rücken. Mit sicherem politischen Instinkt, der ihr vielerorts als Opportunismus ausgelegt wurde, realisierte sie sofort, dass nach Fukushima ein neues Atomkraftwerksprojekt in der Schweiz niemals eine für den Bau zwingende Volksabstimmung überstehen würde.

Gleichzeitig konnte sie – auch an der Urne – all jene linken und grünen Kräfte in Schach halten, die, ähnlich wie dies in Deutschland der Fall war, einen sofortigen Ausstieg aus der Kernenergie durchsetzen wollten. Bevor 2017 das Energiegesetz als Fundament für die Energiestrategie 2050 zur Abstimmung kam, musste sich die Energieministerin in Dutzenden von Parlamentsdebatten sowie Hunderten von Podien, Fernsehduellen, Interviews und Gesprächen mit Interessenvertretern hinter den Kulissen behaupten, sowie die Volksinitiativen für einen überstürzten Ausstieg aus der Kernenergie und für eine grüne Wirtschaft versenken beziehungsweise entscheidend versenken helfen. Dass Doris Leuthard dem Energiegesetz 2017 mit einer deutlichen Mehrheit von 58% zum Durchbruch verhalf, zeigt, wie die politische Ausdauersportlerin mit in diesem Fall jahrelangem Stehvermögen einer Idee zum Durchbruch verhalf.

Für ihre Energiepolitik wurde die Energieministerin jahrelang von allen Seiten kritisiert. Den Linken war Doris Leuthard zu (atom-)industriefreundlich, den Rechten zu links und zu grün. Letztlich gelang ihr die Durchsetzung ihrer Politik auch deshalb, weil sie es immer wieder verstand, Pakete zu schnüren, bei denen alle beteiligten einflussreichen Interessensgruppen ein Geschenk bekamen. Unter dem Titel «Die Päcklifrau unter Strom» schrieb die «NZZ» Ende April 2015: «Illusorisch ist an Leuthards Energiepolitik, dass das Abschalten der AKW nicht zu einer Erhöhung der CO2-Emissionen durch Gaskraftwerke oder zu einem wachsenden Anteil an Importstrom führen soll. Die nun zur Debatte stehenden Gesetze sind hingegen ein realistischer Interessenausgleich, der nicht alle zufriedenstellt, aber bei keiner starken Lobby Referenden auslösen soll – in ihren Bundesämtern spricht man von der leuthardschen Kunst, ein ‹Päckli› zu schnüren. Mit dem Festhalten an weitgehend unbeschränkten AKW-Laufzeiten und Lockerungen im Landschaftsschutz hat es Leuthard fertiggebracht, dass weite Teile der Strombranche die Energiestrategie durchwinken. Gewerbekreise ärgern sich zwar über leicht steigende Strompreise, freuen sich aber auf

Freitag, 24. April 2015 · Nr. 94

SCHWEIZ

Neue Zürcher Zeitung

9

Versäumnisse bei der Prüfung der Dossiers der Ammann-Gruppe *Seite 10* | Sozialpolitische Schwergewichte verlassen das Parlament *Seite 11* | Die Schweiz bleibt ein attraktives Land für Einwanderer *Seite 11* | Die Waadtländer FDP will keine Listenverbindung mit der SVP *Seite 12*

Die «Päcklifrau» steht unter Strom

Die Nachteile der Kompromisspolitik von Doris Leuthard sind zunehmend erkennbar – eine Zwischenbilanz

Zentrale Eckwerte der Energiepolitik stehen zur Debatte. Für Bundesrätin Doris Leuthard ist das wenig schmerzhaft, weil es für sie vor allem darum geht, am Schluss als Siegerin dazustehen.

Davide Scruzzi

Das sonnige Lächeln, ab und zu ein leicht verächtliches Kopfschütteln – kurz nach dem wuchtigen Volksnein zur grünliberalen Energiesteuer-Initiative erklärte Bundesrätin Doris Leuthard in der «Tagesschau» von Fernsehen SRF, die Energiestrategie 2050 sei auf Kurs, es gebe keinen Grund zu Veränderungen. Bei den bürgerlichen Kritikern handle es sich um Leute, die immer noch auf AKW setzen wollten, so Leuthard. Das für die Aargauerin typische vehemente Verteidigen der eigenen Position trügt aber. Die Vorlage ist unter Druck.

Familienbetriebe verschonen

Warnung vor der Erbschaftssteuer

Eine Front aus sechs bürgerlichen Parteien kämpft gegen die Erbschaftssteuer-Initiative. Ihr wichtigstes Argument: Mittelständische Unternehmen und Arbeitsplätze wären in Gefahr.

maa. Bern · Wenn Politiker sich wirtschaftsfreundlich geben, vermeiden sie gerne das Wort «Unternehmen» und reden stattdessen einzig von den «KMU» – diese geniessen in der Wählerschaft mutmasslich besondere Sympathie. So ungerechtfertigt diese Einschränkung in den meisten Fällen ist, so stimmig erscheint sie im Kontext der Erbschaftssteuer-Initiative, über die am

ERBSCHAFTSSTEUER

Eidgenössische Volksabstimmung vom 14. Juni 2015

Obwohl die NZZ Doris Leuthard gegenüber positiv eingestellt ist, kritisiert das Blatt als ordnungspolitischer Graalshüter zwischendurch die Art und Weise, wie sie ihre Energiepolitik mit Subventionsgeschenken abstützt und durchsetzt.

Aufträge für energetische Gebäudesanierungen. Viele lobbystarke Industriebetriebe sind beruhigt, weil sie von der Stromabgabe für das Ökostrom-Subventions-System kostendeckende Einspeisevergütung (KEV) entlastet werden. Ein Referendum der Wirtschaftsverbände gegen den KEV-Ausbau ist vorerst eine Drohkulisse.»

Und die «NZZ» liefert gleich auch die Erklärung für Doris Leuthards Motivation für diesen gewaltigen Einsatz über so lange Zeit: «Es gebe wohl kein Bundesratsmitglied, das weniger ideologisch vorgehe als sie, hört man in grünen Kreisen. In der Klimapolitik mitte sie die CO2-Ziele zwischen Forderungen der Wirtschaft und der Umweltverbände ein. Neue politische Wege zu öffnen, interessiere sie nicht, sagt ein Umwelt-Lobbyist. Ohne ihr Talent, die politische Realität gekonnt zu deuten und für sich zu nutzen, hätte es die Juristin nicht geschafft, nach sieben Jahren im Nationalrat und Erfahrung als CVP-Präsidentin 2008 mit 45 Jahren Bundesrätin zu werden. Ihre forsche Energiepolitik steht nicht im Widerspruch zu dieser realpolitischen Ader. Der Richtungsentscheid von 2011 für einen Atomausstieg gründete nicht auf einer Angst vor Atomunfällen, sonst hätte sich die ehemalige Verwaltungsrätin einer Axpo-Tochtergesellschaft für eine vorzeitige Schliessung der jetzigen AKW starkgemacht. Im Hinterkopf des energiepolitischen Kurswechsels war das von CVP-Präsident Christophe Darbellay vorgegebene Ziel, bei den Nationalratswahlen 2011 nach dem Fukushima-Unglück das Feld nicht Rot-Grün zu überlassen.»

Ohne ihr Talent, die politische Realität gekonnt zu deuten und für sich zu nutzen, hätte sie es nicht geschafft, mit 45 Jahren Bundesrätin zu werden.

Wohlverstanden: Doris Leuthard war nie eine Atomkraftwerksgegnerin und ist es auch heute nicht: «Prinzipiell habe ich immer noch nichts gegen die Kernenergie einzuwenden, im Gegenteil. Ich war immer der Meinung, dass der Entscheid zum vorzeitigen Verzicht auf Kernkraftwerke, wie er in Deutschland gefällt wurde, völlig falsch ist. Ich bin mir sehr wohl bewusst, dass der Betrieb von AKWs mit gewissen Risiken verbunden ist, aber als 2011 die Diskussion um den Neubau von Kernkraftwerken in der Schweiz geführt wurde, war schon vor den Ereignissen in Fukushima abzusehen, dass ein solches Projekt auf erheblichen Widerstand in der Bevölkerung und bei den Kantonen stossen würde, ganz zu schweigen von den immensen Kosten, vor denen selbst die Investoren zurückschreckten. In dieser Situation lieferte Fukushima eigentlich nur noch die Bestätigung, dass die politische und wirtschaftliche Machbarkeit eines solchen Projektes nicht mehr gegeben war.»

16 Siege und zwei Niederlagen: Dies ist eine Bilanz, mit der mancher Sportler mehr als zufrieden wäre.

Unverändert erfolgreich war Doris Leuthard während ihrer Zeit an der Spitze des UVEK auch in ihren Abstimmungskämpfen. Alle Ausmarchungen an der Urne gewann sie indes nicht. Hatte sie im EVD zwischen 2006 und 2010 noch sämtliche fünf Urnengänge für sich entscheiden können, so verlor sie in den Jahren 2012 bis 2018 zwei von 13 Entscheidungen des Stimmvolks, nämlich die Zweitwohnungsinitiative und das Referendum gegen die Änderung des Nationalstrassenabgabegesetzes, bei dem die UVEK-Vorsteherin vorhatte, den Preis der Autobahnvignette von 40 auf 100 Franken zu erhöhen. 16 Siege und zwei Niederlagen: Dies ist eine Bilanz, mit der mancher Sportler mehr als zufrieden wäre. Doris Leuthard kann auf diesen Leistungsausweis insofern sehr stolz sein, als keine der beiden Niederlagen für die Essenz ihrer Politik einen Scherbenhaufen bedeutete. Matchentscheidend waren Doris Leuthards Abstimmungserfolge bei Vorlagen wie der zweiten Gotthardröhre, beim Energiegesetz oder bei der No-Billag-Initiative.

Natürlich gab es in den Jahren 2011 – 2018 auch den einen oder anderen Dämpfer. So kam es beispielsweise in den Fluglärmverhandlungen zwischen Deutschland und der Schweiz nicht zum wirklichen Durchbruch. Wenig Freude bereitete im letzten Amtsjahr sodann die Post, deren CEO Susanne Ruoff ihren Posten zur Verfügung stellen musste, weil skandalöse Fehlbuchungen zur Erschleichung von Steuervorteilen ans Licht gekommen waren. Dass Post-Verwaltungsratspräsident Urs Schwaller (CVP) die Untersuchung der Vorgänge für die Jahre vor seiner Ankunft im Post-Verwaltungsrat selber führen durfte, trug Doris Leuthard den Vorwurf ein, den CVP-Parteifilz zu fördern.

Wie sah aber Doris Leuthards Arbeit im Innern der Verwaltung aus? Wie reformfreudig sieht sie ihr Departement? Dazu führt die Magistratin aus: «Beim Bund wird ja eigentlich dauernd gespart, was grundsätzlich schon mal Veränderungen zur Folge hat. Ich habe in meiner Amtszeit sicher fünf grössere Sparübungen mitgetragen und die waren auch alle gerechtfertigt, vor allem wenn man die Finanzkrise von 2008 und ihre Nachwirkungen berücksichtigt. Ich glaube aber, dass wir jetzt ein kosteneffizientes Niveau erreicht haben und wir uns Gedanken machen müssen, wo und wieviel wir in gewisse kritische Bereiche, wie zum Beispiel die Cyber-Sicherheit, investieren sollten. Generell wurde das Thema Digitalisierung etwas vernachlässigt, und wenn wir hier Versäumtes aufholen wollen, müssen

«Ich habe in meiner Amtszeit sicher fünf grössere Sparübungen mitgetragen. Und sie waren alle gerechtfertigt.»

Bundespräsident Johann Schneider-Ammann eröffnet symbolisch den Gotthard-Basistunnel, assistiert von Verkehrsministerin Doris Leuthard.

mind.2

wir dringend den Prozess beschleunigen, was natürlich entsprechende Investitionen in Technologie und Personal bedingt.
Prioritäten müssen stets neu bewertet und gesetzt werden und dadurch gibt es auch Bereiche, in denen Investitionen gekürzt werden könnten, um geplante Ausgaben in anderen Bereichen etwas auszugleichen. Nur habe ich in meinem jetzigen Departement, dem UVEK, die Situation, dass wir eben erst zwei grosse Infrastrukturprojekte (BIF und NAF-Fonds) verabschiedet haben, die jetzt gemanagt werden müssen. Mehr Investitionen, mehr Projekte brauchen mehr Personal und ich kann nicht gut Leute vom Dossier Klimawandel oder vom Bereich Hochwasserschäden abziehen.
Die faktische Plafonierung des Personalbestands führt departementsintern immer wieder zu Reorganisationen oder Auslagerungen. Man muss versuchen, mit einem fixen Pauschalbudget auch neue Aufgaben angehen zu können.
Da sich das Parlament bei der Analyse von Personalkosten hauptsächlich von Personalbestandszahlen leiten lässt und wir gleichzeitig mit dem gegenwärtigen starren Lohnklassensystem der Bundesverwaltung ein Korsett haben, bleibt nur sehr wenig Spielraum, um neue Stellen im Bereich Digitalisierung/Cybersicherheit zu schaffen. In dieser Beziehung sind wir leider so etwas wie Gefangene unseres eigenen Regelwerks, und obwohl es immer wieder thematisiert wird, kommt die Modernisierung des Besoldungswesens dem Kampf gegen Windmühlen gleich.
Ebenfalls unbefriedigend ist Folgendes: Innerhalb der Lohnstruktur des Bundes sind Assistenz- und Sekretariatsfunktionen im Vergleich zur Privatwirtschaft sehr gut bezahlt (was ja für die Betroffenen erfreulich ist), hingegen haben wir auf der Ebene des Topmanagements oder des höheren Middle Managements Mühe, gewisse Spitzenkräfte zu verpflichten, die wir unbedingt einstellen möchten, weil uns hier die notwendige Flexibilität fehlt.»

Linke Seite: Grosse Augen, ein volles Lachen mit einem Julia-Roberts-Mund und modischer Chic: Doris Leuthard war für die Karikaturisten in der Schweiz ein dankbares Objekt für den Humor aus dem Zeichenstift.

Energieministerin Leuthard weiht am 3. März 2014 die Kaverne des Pumpspeicherwerks Nant de Drance bei Le Chatelard im Wallis ein.

«Durch ihre Detailkenntnis in allen Dossiers und ihre geradlinige Art ist Doris Leuthard bestens geeignet für die überparteiliche Zusammenarbeit.»

Für dieses Buch wurde eine Reihe von Persönlichkeiten zur Einschätzung von Doris Leuthards politischer Arbeit befragt. Viele davon äußerten sich positiv, einige Kritiker gab es jedoch auch. Da die Kritiker fast ausnahmslos nicht namentlich zitiert werden möchten, werden diese (anonymen) Aussagen im Folgenden nur am Rande erwähnt.

Das Gros der Befragten ist mit Doris Leuthard als Bundesrätin und Bundespräsidentin (2010/2017) zufrieden bis sehr zufrieden. Ein Kollege, der sie erst als Mitglied des Bundesrats wirklich gut kennenlernte, ist alt Bundesrat Hans-Rudolf Merz, im Bundesrat seit 2003, als Doris Leuthard gewählt wurde. Der ehemalige Finanzminister (2003–2010) ist des Lobes voll über seine Kollegin. «Doris Leuthard hat mich massgeblich und immer wieder unterstützt bei meiner Herkulesaufgabe: die Verringerung der überaus hohen Staatsschulden von anfänglich 129 Milliarden Franken (im Jahr meiner Wahl, 2003). Bei einer derartig riesigen Sparübung ist der Finanzminister angewiesen auf eine Opferbereitschaft in allen Departementen. Hier war Doris Leuthard immer wieder helfend zur Hand, wenn es darum ging, einen für alle akzeptablen Kompromiss zu finden.»

Auch bei der FDP geniesst Doris Leuthard ein hohes Ansehen. Petra Gössi, Nationalrätin und Parteipräsidentin, schätzt ihre direkte Art, ihre Lust an einer robusten Debatte und ganz allgemein die Kompetenz und das Herzblut, mit der sie politisiert. Dasselbe gilt für die ehemalige Kollegin im Aargauer Grossen Rat und heutige Nationalrätin Corina Eichenberger-Walther: Doris Leuthard sei durch ihre Detailkenntnis in allen Dossiers und wegen ihrer geradlinigen Art bestens geeignet für die überparteiliche Zusammenarbeit. Der Nationalrat Hansjörg Knecht, FDP Aargau, schätzte an Doris Leuthard die sofortige Änderung des Führungsstils, als sie das UVEK von ihrem Vorgänger Moritz Leuenberger übernahm. Dieser war als Laissez-faire-Minister wahrgenommen worden.

Nationalrätin Yvonne Feri findet, unter Doris Leuthard sei der Dialog zwischen dem Kanton Aargau und dem Bundeshaus sehr gut gewesen. Jedes Jahr einmal empfing die Bundesrätin die Aargauer Kantonsregierung sowie alle Mitglieder von National- und Ständerat aus ihrem Heimatkanton im Von-Wattenwyl-Haus. Kritischer tönt der Aargauer SVP-Nationalrat Luzi Stamm, der Doris Leuthard schon von seiner und ihrer Anwaltsarbeit vor Gericht kennt. Stamm sagt mit einer Mischung aus Respekt und Kritik, Doris Leuthard sei in Bundesbern die mächtigste politische Figur des

Bundespräsident Hans-Rudolf Merz und Bundesrätin Doris Leuthard kurz vor Beginn der Von-Wattenwyl-Gespräche am 28. August 2009.

vergangenen Jahrzehnts gewesen. Faktisch habe sie als Scharnier zwischen Links und Rechts wichtigste Entscheidungen für die Zukunft des Landes gefällt. Er kritisiert sowohl das Prinzip der Liberalisierung im Agrarhandel wie auch die Energiepolitik der Ministerin, genauso wie den Serviceabbau bei Bahn und Post.

Ob gemässigte offene Kritik seitens politischer Gegner oder harsche Kritik hinter vorgehaltener Hand – all dies ändert nichts an der Tatsache, dass Bundesrätin Doris Leuthard seit vielen Jahren eine klare Führungsrolle hat, wenn es um die Beliebtheit von Mitgliedern der Landesregierung geht.

Als Doris Leuthard 2006 für den Bundesratswahlkampf lanciert war, und erst recht, als gar kein Wahlkampf mehr stattfand und sie mit einem Einerticket gleichsam mit dem Intercity-Zug im Bundeshaus einzufahren bereit war, wurde sie von etlichen gestandenen Politjournalisten bis hin zur politischen

Doris Leuthard hat eine ganz besondere Gabe: Sie kann Probleme weglächeln.

Kassandra Roger de Weck kritisch beäugt. «Dem «Blick» zu gefallen, ist kein Fähigkeitsausweis – siehe Dölf Ogi», giftete de Weck. Und der NZZ-Bundeshausredaktor Daniel Gerny hätte sich gewünscht, Doris Leuthard möge doch noch zuwarten, sie sei ja noch jung.

Wie sehr sich doch die Zeiten ändern. Am 12. Februar 2018 schrieb Christina Neuhaus in der «NZZ» unter dem Zwischentitel «Die Sonnenkönigin»: «Doris Leuthard hat eine Gabe, die den meisten Schweizerinnen und Schweizern abgeht. Sie kann Probleme weglächeln. Wie Toni Brunner. Wie Michelle Hunziker. Bei Interviews muss sie mitunter so herzlich lachen, dass auch der Befrager in Gelächter ausbricht. Bei öffentlichen Auftritten überstrahlt sie alle. Immer trifft sie im Umgang mit der Bevölkerung den richtigen Ton. Mit erst 54 Jahren ist sie das amtsälteste Mitglied des Bundesrats und eines der grössten politischen Talente, die die Schweiz je hervorgebracht hat.» Es braucht viel, bis das im Jahr 1780 gegründete Zeitungshaus sich solcher Worte bedient. Wobei der Artikel durchaus auch auf Doris Leuthards Fehler eingeht.

Doch zunächst ein Blick auf das zweite Präsidialjahr 2017. Unmittelbar vor dessen Beginn, Ende November 2016, errang die Energieministerin einen klaren Sieg (54,2%) gegen das links-grüne Volksbegehren. Die Feuerprobe stand aber noch bevor: die Abstimmung über das Energiegesetz am 21. Mai 2017. Diese Entscheidung sollte sie mit 58,2% Ja-Stimmen gewinnen.

Bei der Betrachtung ihrer Tätigkeit im Präsidialjahr fallen zwei Dinge auf. Erstens eine überdurchschnittlich hohe Reisetätigkeit mit 23 offiziellen oder Staatsbesuchen – genauso viele wie im ersten Jahr als Bundespräsidentin (2010). Und zweitens ein starker Fokus auf die Beziehungen zur EU mit dem Ziel, ein Rahmenabkommen unter Dach und Fach zu bringen. Was die Kontakte mit Präsidenten und Regierungschefs auf der ganzen Welt angeht, so hatten diese sicher ihren Sinn und Zweck und förderten das Ansehen der Schweiz. Doris Leuthard wäre eine gute Aussenministerin gewesen, so viel ist sicher. Mit ihrer gewinnenden Art, so bestätigen Insider, bringt sie es immer wieder im Handumdrehen fertig, auch die trockensten Runden von Diplomaten-Talks aufzulockern.

Anders sieht die Bilanz ihres zweiten Präsidialjahres im Verhältnis mit Brüssel aus. Kurz vor dem Ende von Doris Leuthards Präsidialjahr 2017 verkündete die EU, dass man die Gleichwertigkeit der schweizerischen Börsenregulierung mit derjenigen der EU nicht mehr unbefristet anerkenne, sondern nur noch für ein Jahr. Inhaltlich gesehen ein tolldreister Unfug Brüssels – aber eben eine hohe Trumpfkarte mit grosser potentieller Schadenwirkung für den Finanzplatz Schweiz.

Unter dem Titel «Berner Chaostage» fasste der «Tages-Anzeiger» am 22. Dezember 2017 den Tiefpunkt des Verhältnisses Schweiz – EU wie folgt zusammen: «Für die Schweizer Europapolitik ist das ein Debakel. Leuthard hatte ihr Präsidialjahr am 1. Januar 2017 mit der Absicht angetreten, bis Ende Jahr beim Rahmenabkommen einen Durchbruch zu erzielen. Der neue Aussenminister Ignazio Cassis ist am 1. November mit dem Ziel gestartet, die viel kritisierte Europapolitik seines Vorgängers Didier Burkhalter mit einem ‹Reset› zu sanieren. Jetzt, kurz vor Ende von Leuthards Präsidialjahr und 50 Tage nach Cassis' Amtsantritt, ist die Beziehung der Schweiz zu Brüssel schlechter, als sie es während der Amtszeit von Cassis' Vorgänger Burkhalter jemals war. Bereits haben in Bern die gegenseitigen Schuldzuweisungen begonnen. Im Umfeld von Cassis wird geltend gemacht, Leuthard habe am Gipfeltreffen mit Juncker die wahre Position des Bundesrats zum Rahmenabkommen und zur Kohäsionsmilliarde unzutreffend vertreten. In anderen Departementen heisst es hingegen, in Cassis' Aussendepartement wisse die eine Hand nicht, was die andere tue.»

Doris Leuthard wäre eine gute Aussenministerin gewesen, so viel ist sicher.

Am selben Tag stellte René Höltschi, der langjährige EU-Korrespondent der «NZZ» in Brüssel, die andere Seite dar. Offenbar kam die Kraftmeierei des EU-Kommissionspräsidenten Jean-Claude Juncker nicht aus dem der anschliessenden gemeinsamen Medienkonferenz nannte Juncker als Zieldatum für Fortschritte bei den institutionellen Verhandlungen das Frühjahr 2018.

Laut der Brüsseler Darstellung war

Bilaterales Küsschen am 23. November 2017 in Bern: Doris Leuthard begrüsst den Präsidenten der Europäischen Kommission, Jean-Claude Juncker.

blauen Himmel: «Ein Kommissionsbeamter hob am Donnerstag erneut den Mangel an Fortschritten in den Verhandlungen über ein institutionelles Rahmenabkommen hervor. Er verwies vor Journalisten auf den Besuch von EU-Kommissionspräsident Jean-Claude Juncker bei der Schweizer Bundespräsidentin Doris Leuthard und weiteren Bundesräten am 23. November in Bern. Bei Juncker der Meinung, dass sich in der Sitzung beide Seiten über dieses Ziel einig gewesen seien, nachdem man beim letzten Treffen im April noch einen Abschluss bis Ende 2017 angepeilt hatte. Doch dann habe man gehört, was Mitglieder und der Sprecher des Bundesrats in den Tagen nach dem Berner Treffen gesagt hätten, erklärte der Beamte, und deutete so die Brüsseler Frustration über die Berner Kakofonie an. Auch hätten die folgenden technischen Gespräche den Eindruck bestätigt, dass es keine Fortschritte gebe.

In der EU scheint dies Zweifel gesät zu haben, ob Bern die 2017 von beiden Seiten beschworene ‹positive Dynamik› wirklich ernst meine. Jedenfalls gab es laut dem EU-Vertreter am Rande des EU-Gipfels von Ende vergangener Woche Konsultationen mit den Mitgliedstaaten. Daraufhin folgte die Kehrtwende: Am Freitagnachmittag hat die Kommission den Staaten einen revidierten Entwurf für den Äquivalenzbeschluss zur Konsultation vorgelegt, der neu die Befristung und den Link zum Rahmenabkommen enthielt. Während die Schweiz am Donnerstag Zweifel an der Rechtmässigkeit dieses Vorgangs erhob, verweist Brüssel auf die Verfahrensvorschriften der EU. Diese sähen vor, dass die Kommission unter ausserordentlichen Umständen auf einen derartigen Beschluss zurückkommen könne. Solche Umstände seien hier gegeben.»

Als Reaktion auf den Affront aus Brüssel fand Doris Leuthard klare Worte an die Adresse von Jean-Claude Juncker, wie der «Tages-Anzeiger» schrieb: «In der Form spricht die bundesrätliche Erklärung eine ebenso klare Sprache wie Leuthards Generalsuniform. Den Börsenentscheid der EU nennt Leuthard eine ‹klare Diskriminierung der Schweiz›. Dass die EU ein technisches Dossier wie die Börsenanerkennung mit dem Rahmenabkommen verknüpfe, sei ‹sachfremd und inakzeptabel›. Und sie wirft der EU vor, mit ihrem Vorgehen einzig ‹den Finanzplatz Schweiz schwächen› zu wollen.

So scharf die Erklärung in ihrer Form ist, so moderat ist sie im Inhalt. Der Bundesrat hat am Morgen zwar beschlossen, dem Schweizer Finanzplatz gegenüber den Brüsseler Angriffen den Rücken zu stärken, indem er eine Abschaffung der Stempelabgabe ankündigt. Wegen dieser Abgabe haben die Schweizer Banken in den letzten Jahren namhafte Geschäfte an die EU-Finanzplätze verloren. Bei der Kohäsionsmilliarde jedoch tritt der Bundesrat nicht auf die Notbremse, sondern behält sich nur vor, sie ‹neu zu beurteilen›. Damit verzichtet die Regierung zumindest bis auf Weiteres darauf, den Konflikt mit Brüssel mit echten Gegenmassnahmen weiter eskalieren zu lassen, wohl wissend, wer in diesem Spiel der David ist und wer der Goliath.»

In der Form spricht die bundesrätliche Erklärung eine ebenso klare Sprache wie Leuthards Generalsuniform.

1

2

3

4

1. Beim Nuklearen Sicherheitsgipfel mit US-Präsident Barack Obama (April 2010)
2. Mit Italiens Premierminister Silvio Berlusconi im Palazzo Chigi in Rom (Mai 2010)
3. Audienz bei Papst Franziskus im Vatikan (Mai 2017)
4. In Jakarta beim indonesischen Präsidenten Susilo Yudhoyono (Juli 2010)
5. Mit dem indischen Premierminister Narendra Modi in Neu Delhi (August 2017)
6. Mit Portugals Staatspräsident Marcelo de Sousa in Lissabon (November 2017)
7. Im Élysée-Palast beim französischen Präsidenten Emmanuel Macron (Juli 2017)

Souveräner Auftritt auf der internationalen Bühne

5

6

7

In mehr als zwölf Jahren hoher Politik gab es viele Highlights – jedoch auch etliche schwierige Momente.

Ein Interview

Die Würde und die Bürde in Bern

Wollten Sie denn schon immer Bundesrätin werden?

Nein, überhaupt nicht. Mein Werdegang als Politikerin und Magistratin hat sich mehr oder weniger so ergeben, ohne grosse Karriereplanung. So wurde ich 1999 vom damaligen Präsidenten der CVP Schweiz, Adalbert («Bärti») Durrer in die Delegiertenversammlung für den Vorwahlkampf nominiert, ohne dass ich mich dafür beworben hätte. Wir hatten uns bei einem Parteianlass im Freiamt kennengelernt und offenbar war ich ihm durch meine Wortmeldungen positiv aufgefallen. Möglich, dass auch Überlegungen im Zusammenhang mit der Erhöhung der Frauenquote einen gewissen Einfluss hatten, jedenfalls wurde ich danach von ihm insofern gefördert, als dass er mich parteiintern für diverse Aufgaben empfahl, was 2001 auch das Vizepräsidium der CVP Schweiz und somit den Schritt in die Parteileitung und in die Öffentlichkeit mit sich brachte.

1997 hatte Ihr Wahlkampf für den National- und Ständerat wegen der Duschgel-Kampagne für einiges Aufsehen gesorgt. Wie stehen Sie heute dazu?

› Ich möchte doch klarstellen, dass mein Wahlkampfteam damals einen simplen Duschbeutel mit dem Aufdruck «Erfrischender Aargau» kreiert hatte. Darin kann ich keine Frivolität erkennen. «Duschen mit Doris» war zuerst Titel eines

Artikels in der Presse. Dieser entwickelte danach ein Eigenleben und wurde immer und immer wieder in Zeitungen erwähnt. Das Beste ist dabei die Tatsache, dass die Produktion dieses Werbemittels selbständig von meinem Wahlkampfteam in Auftrag gegeben wurde. Ich sah den Duschbeutel erst, als er schon produziert war, d. h. als mir mein Wahlkampfleiter Reto Nause ein Exemplar in die Hand drückte.

Die Idee eines Strassen – respektive Beizenwahlkampfs war damals neu, aber mir war klar, dass meine Kandidatur nur Erfolg haben konnte, wenn ich in den bevölkerungsreichen Gebieten des Kantons Aargau punkten konnte. Mein Wahlkampfteam zog jeden Abend von Lokal zu Lokal, ab und zu war ich auch dabei. Ich suchte, wo immer ich war, den Kontakt und das Gespräch mit der Bevölkerung, dies ganz besonders an Wahlkampfveranstaltungen und Podiumsgesprächen.

Auch dass kein Parteiname auf meinem Wahlplakat zu finden war, sondern nur ein Foto von mir in Verbindung mit dem Slogan «Erfrischender Aargau» war damals ziemlich ungewöhnlich, und das gleiche Foto wurde dann halt auch auf den Duschbeuteln verwendet. Das war alles die Handschrift von Reto Nause, der im Marketing tätig war. Aber selbst er wurde vom Erfolg dieser Kampagne überrascht, besonders natürlich vom nationalen Echo, das uns dank der Schlagzeile «Duschen mit Doris» unverhofft entgegenschlug.

Stimmt es, dass Ihr Vater 1971 gegen das Frauenstimmrecht oder zumindest sehr kritisch dazu eingestellt war?

‣ Daran kann ich mich beim besten Willen nicht erinnern, ich war ja auch erst acht Jahre alt. Bezüglich seiner Herkunft wäre das durchaus möglich gewesen, denn mein Vater war eher von konservativen Werten geprägt und die damalige Grundstimmung unter der konservativen Wählerschaft dürfte dem Frauenstimmrecht kritisch gegenübergestanden haben. Viel wichtiger ist aber Folgendes: Als das Frauenstimmrecht Tatsache war, hat er Frauen in seinem Umfeld immer unterstützt und insbesondere meine eigene politische Laufbahn gefördert, wie er nur konnte.

War bei Ihrer Wahl in den Bundesrat ein Quotengedanke im Spiel?

‣ Nein, nie. Klar wäre es ideal, wenn der Bundesrat so genau wie möglich die Demografie der Schweiz repräsentieren würde, aber als absolutes Ziel greift dies bei einer Bundesratswahl zu kurz. Es wäre auch illusorisch zu glauben, diese herkunftsbezogenen Kriterien könnten bei einem Bundesrat oder einer Bundesrätin andere wichtige Qualitäten wie Intellekt, Erfahrung, Leistungsbereitschaft etc. ergänzen oder wettmachen. Ich bin der Meinung, dass gegenwärtig zu viele

regionale Einschränkungen bei der Wählbarkeit der Kandidaten und Kandidatinnen zur Anwendung kommen, denn schliesslich muss ja in allererster Linie die Person überzeugen können.

Dass man in einem mehrsprachigen Land wie der Schweiz bei der Auswahl eines Bundesrats die Sprachregionen berücksichtigt, finde ich richtig. Trotzdem sollte dies nicht darüber hinwegtäuschen, dass die Romandie oder sagen wir vollständigerweise die lateinische Schweiz derzeit übervertreten ist.

Grundsätzlich rate ich insofern zum vorsichtigen Umgang mit Quoten, als diese nicht als Imperativ, sondern als nicht bindende Leitlinie berücksichtigt werden sollten. Bei der immer wieder diskutierten Frauenquote besteht ja bereits eine Verknappung an möglichen Kandidatinnen im Parlament und in kantonalen Regierungen, dem traditionellen Rekrutierungsumfeld für das Exekutivamt. Somit ist ein zu rigider Ausleseprozess gar nicht möglich.

Wie führen Sie Ihre Direktunterstellten und fällt es Ihnen leicht, sich von Leuten mit ungenügendem Leistungsausweis zu trennen?

› Rein administrativ wäre es nicht allzu schwer, sich von einem Bundesamtsdirektor zu trennen, aber auf der finanziellen Seite müsste der Bund dafür ein ganzes Jahressalär als Abgangsentschädigung aufwenden. Bei Leistungsdefiziten oder persönlichen Differenzen habe ich bis jetzt immer einen Ausweg gefunden, der diese radikale und teure Lösung überflüssig machte.

Persönlich bevorzuge ich eine eher enge Führung meines Mitarbeiterstabes, was damit zu tun hat, dass ich den Überblick behalten und wissen will, was in meinen Ämtern gut läuft und wo es Probleme gibt. Dazu gehört, dass ich mein Kernteam alle zwei Wochen zu einer Lagebesprechung aufbiete, was zu Beginn nicht überall auf Verständnis stiess, denn mein Vorgänger im UVEK pflegte einen anderen Führungsstil. Mittlerweile hat sich aber die Erkenntnis durchgesetzt, dass diese Praxis auch meinem Führungspersonal hilft, die Aufgaben effizienter zu lösen. Die Zusammenarbeit ist sehr gut und ich kann mich darauf verlassen, dass es in meinem Departement auf operationeller Ebene keine Überraschungen gibt. Auf dieser Vertrauensbasis gestehe ich meinen Direktoren auch umfangreichen Freiraum zu, der es ihnen ermöglicht, wesentliche Entscheide selber zu treffen. Solange ich die Übersicht habe, mische ich mich möglichst nicht in Details ein, denn Mikromanagement entspricht nicht meiner Vorstellung von Führung.

Wie gehen Sie mit Niederlagen oder Misserfolgen um?

› Klar will ich immer gewinnen, das liegt in der Natur des Politikgeschäfts, und deshalb versuche ich auch stets, mein Bestes zu geben, um ein Argument oder z. B. eine Abstimmung in meinem Sinne zu entscheiden. Da kann ich schon auch einmal ungemütlich werden, wenn ich in einer Diskussion mit Heuchelei oder Engstirnigkeit konfrontiert werde, aber schliesslich entscheidet ja immer eine Mehrheit und diesen Beschluss gilt es zu akzeptieren. In der Regel stecke ich solche Niederlagen relativ gut weg und bemühe mich jeweils, daraus zu lernen und es beim nächsten Mal besser zu machen.

Im Bundesrat gibt es immer wieder Situationen, in denen ich mich in einer Minderheit wiederfinde. Aktuelles Beispiel ist die Kriegsmaterialverordnung, wobei ich besonders hier fest davon überzeugt bin, dass meine Position die richtige ist. Ich habe aber gelernt, mich in solchen Situationen in der Öffentlichkeit nicht zum Thema zu äussern, um das Kollegialitätsprinzip nicht zu untergraben. Schwierig finde ich die Situation dann, wenn ich ein Dossier zu vertreten habe, das von einer Mehrheit meiner Bundesratskollegen nicht mitgetragen, respektive anders eingeschätzt wird, was aber eher selten vorkommt. Doch auch in dieser Situation gibt es gewisse Spielregeln, die es einem nahelegen, die Intensität des Arguments der Würde und Sachlichkeit des Kollegiums unterzuordnen, ohne gleich inhaltlich zu kapitulieren.

Wie stellen Sie sich zu der Fragestunde im Nationalrat? Ist dies im Zeitalter von elektronischer Kommunikation noch zeitgemäss oder für einen Bundesrat Zeitverschwendung?

‣ Es wurde schon mehrmals versucht, ein anderes Format für diese Fragestunde zu finden, aber bis jetzt hat der Nationalrat immer auf seinem Recht beharrt, die Antworten vom jeweiligen Departementsvorsteher mündlich in der direkten Begegnung im Ratssaal zu erhalten. Man darf auch nicht vergessen, dass es immer wieder Situationen gibt, in denen man als Bundesrat gewisse Tagesaktualitäten gleich in dieser Fragestunde erledigen kann, ohne dass nachher noch gross auf parlamentarische Vorstösse eingegangen werden muss. Dies wäre nämlich viel zeitraubender und hätte auch mehr Kosten zur Folge.

Klar gibt es auch immer wieder Fragen, zu deren Beantwortung man leicht auf eine Internetseite verweisen könnte. Aber das Parlament eignet sich eben auch für Eigeninszenierungen, die sich mehr an das anwesende Publikum richten, und bei dem sind offenbar die Direktbegegnungen mit einem Bundesrat äusserst beliebt.

Aus grundsätzlichen Erwägungen finde ich aber das Prinzip einer Fragestunde zwischen Parlament und Exekutive, das übrigens auch in anderen Demokratien praktiziert wird, gar nicht so schlecht. Ich finde, es tut gut, wenn man sich exponieren muss und in seinem Zuständigkeitsbereich gefordert wird; solche Debatten gehören einfach zu einer Demokratie!

Gibt es Intrigen im Bundeshaus und haben Sie in Ihren zwölf Jahren als Bundesrätin grosse Enttäuschungen erlebt?

‣ Ja, die gibt es sicher auch im Bundesrat. Beispiele finden sich in dem vor Kurzem erschienenen Buch von Max Göldi «Gaddafis Rache», worin von Indiskretionen, Lügen und Intriganz die Rede ist. Als Mitglied dieses Gremiums muss man sich aber genau überlegen, wie weit man die Öffentlichkeit an solchen Eskapaden teilhaben lassen will, denn eine Schwächung der Institution schadet allen Beteiligten und insbesondere auch dem Ansehen der Schweiz.

Bei meinem Amtsantritt traf ich auf eine ziemlich geladene Stimmung im Bundesrat, die nicht nur auf politische Differenzen, sondern massgeblich auf die Verschiedenartigkeit der Persönlichkeiten zurückzuführen war.

Diese zwischenmenschlichen Spannungen empfand ich als sehr belastend, denn

ich wusste anfangs nicht, wie damit umgehen. Es brauchte einiges an Überwindung, die Verhältnisse auf den Tisch zu bringen und so etwas wie Normalität im gegenseitigen Umgang einzufordern. Für die Medien waren die damaligen Indiskretionen natürlich spannend.
Später gab es auch unschöne Szenen zwischen den zwei SP-Vertretern, Herrn Leuenberger und Frau Calmy-Rey, die 2010 schliesslich im vorzeitigen Rücktritt von Herrn Leuenberger kulminierten, obwohl er sich im Folgejahr als Bundespräsident aus der Politik hätte verabschieden können.
Gott sei Dank hat sich in den letzten Jahren die Stimmungslage im Bundesrat massiv verbessert und ich verlasse ein Gremium, in dem ein korrektes, kollegiales Arbeitsverhältnis vorherrscht.

Stimmt es, dass man sich in Bundesratssitzungen mit «Sie» anzureden hat und welchen Zweck verfolgt eine solche – beinahe übertriebene – Förmlichkeit?

‣ Ja, das ist so, und persönlich finde ich das ganz in Ordnung, denn diese Förmlichkeit produziert eine gewisse Distanz, die es den Mitgliedern des Gremiums ermöglicht, respektvoller miteinander umzugehen und jederzeit die Sachlichkeit zu wahren. Ausserdem gehört zu dieser Praxis auch die Gepflogenheit, in diesen Diskussionen als Departement aufzutreten und nicht als Person. Damit vertritt nicht die Vorsteherin des Departementes, sondern schlicht das UVEK eine Meinung. Dies ist insofern hilfreich, als dass auch bei Auseinandersetzungen die Debatten immer auf sachlicher und nicht auf persönlicher Ebene geführt werden.

Stimmen die Vorwürfe, dass gewisse Parlamentarier von Ihnen relativ schroff abgefertigt wurden?

‣ Das will ich nicht ausschliessen. Wenn ich etwa zum vierten Mal mit der immer gleichen Frage konfrontiert werde, kann ich schon mal meinem Missfallen Ausdruck verleihen. Solange ich nicht als verletzend empfunden werde, finde ich das aber immer noch besser, als heuchlerische Floskeln auszutauschen.

Sie hätten gerne Ihr Präsidialjahr 2017 mit dem Abschluss eines Rahmenabkommens zwischen der Schweiz und der EU oder zumindest mit einer Einigung über dessen Eckpunkte abgeschlossen. Das war Ihnen nicht vergönnt. Beginnen wir beim Zankapfel, der uns seit einem Jahr beschäftigt: Ist denn die Schweizer Börsenregulierung derjenigen der EU nicht ebenbürtig?

Im Gegenteil, sie ist technisch absolut gleichwertig, was ja auch der Grund dafür war, warum wir so empört auf die Befristung als Retorsionsmassnahme reagiert haben. In unseren Augen handelt es sich dabei klar um eine Diskriminierung des Finanzplatzes Schweiz. Herr Juncker war ganz einfach unzufrieden mit der Tatsache, dass sich die Schweiz nicht in einen Fahrplan pressen liess, der seinen Vorstellungen entgegenkam. Das war eine Schikane, denn bei der gegenseitigen Akzeptanz dieser Systeme handelt es sich um das Erfüllen rein technischer Standards, was die Schweizer Börsenregulierung in allen Belangen zweifellos tut. Seine Motive waren umso durchsichtiger, als die Kommission gleichzeitig die Börsenregulierungssysteme der USA und Kanadas, die ja wirklich nichts mit dem europäischen Binnenmarkt oder einem Rahmenabkommen zu tun haben, als gleichwertig akzeptierte.

Wie sehen Sie die Fortsetzung der Beziehung Schweiz – EU?

› Wir werden weiterhin mit der EU eng zusammenarbeiten müssen, denn eine isolationistische Haltung verheisst mehr Nachteile für unser Land als eine gesunde Kooperation. Dabei sollten wir aber unseren eigenen Weg gehen, denn Allianzen mit anderen europäischen Staaten, wie z. B. Grossbritannien nach dem Brexit, sind Gedankenspiele, die nur schon am Eigennutz der Partner scheitern dürften. Die Briten verfolgen ihre eigenen Interessen und können im internationalen Umfeld auch ganz anders auftreten als die Schweiz, weil sie politisch und wirtschaftlich eine vergleichsweise viel stärkere Verhandlungsposition haben. Es bringt uns auch nichts, jetzt abzuwarten, um dann die zwischen der EU und Grossbritannien gefundene Lösung zu kopieren. Dies würde ja unseren Verhandlungsspielraum mit der EU nur noch weiter einschränken.

Was sich die EU aber durchaus überlegen sollte, wäre die Schaffung von weiteren institutionellen Formen der Zusammenarbeit, nebst der Vollmitgliedschaft und der Teilnahme am Europäischen Wirtschaftsraum (EWR). Dies böte auch für den Balkan, die Türkei oder Georgien eine attraktive Möglichkeit, enger mit der EU zusammenzuarbeiten, mit dem grossen Vorteil, dass eine wirtschaftliche Einbindung in Europa einer Spaltung des Kontinents entgegenwirken und die Avancen aus China weniger verlockend erscheinen lassen würde.

Dieses Konzept einer ‹Privilegierten Partnerschaft› habe ich bereits mehrfach mit dem Präsidenten der Europäischen Kommission, Jean-Claude Juncker, oder mit Frau Merkel diskutiert. Anlässlich des fünfzigsten Jahrestags der EFTA-Gründung wurde 2010 sogar eine Arbeitsgruppe mit Wolfgang Schüssel und Günter Verheugen ins Leben gerufen, um das Thema zu vertiefen. Aus diesem Anfangsimpuls hat sich leider bis heute nichts Konkretes zu entfalten vermocht.

Wie sehen Sie die Chancen für einen Abschluss des bilateralen Rahmenabkommens mit der EU?

‣ Ich hoffe sehr, dass die Eckpunkte dieses Rahmenabkommens bis Ende Jahr abgesteckt sind und ich denke, die politische Position der Schweiz ist besser, als gemeinhin angenommen. Die Episode mit der Aberkennung der Gleichwertigkeit der Schweizer Börsenregulierung hat in schweizerischen Wirtschaftskreisen den Fokus nicht nur für die Wichtigkeit, sondern auch für die Dringlichkeit einer Übereinkunft mit der EU geschärft. Es ist sicher nicht im Interesse der Wirtschaft, sich auf ein Spiel mit abwechselnden Retorsionsmassnahmen einzulassen.
Mit Ausnahme der SVP sind auch alle Parteien grundsätzlich für den Abschluss eines Rahmenabkommens. Aber die Tücken liegen naturgemäss im Detail und die sind bis dato nicht publik. Es ist daher wichtig zu reden und Möglichkeiten auszutauschen, die den Lohnschutz hoch halten, aber bei Formalitäten Spielraum schaffen. Der Bundesrat wird sich nicht 2018 entscheiden müssen, denn einen Deal gibt es nicht. Der Weg bis zu einer Unterzeichnung ist also noch länger und vor allem innenpolitisch ein schwieriges Unterfangen. Genauso wie übrigens der Brexit, denn jede Konzession der EU an die Schweiz weckt entsprechende Begehrlichkeiten in Grossbritannien. Umgekehrt stimmt das natürlich auch, was unsere Verhandlungen mit der EU zusätzlich erschwert.

Hat Jean-Claude Juncker tatsächlich einen solch grossen persönlichen Einfluss auf die offiziellen Entscheide der EU?

‣ Ja, das ist so, an Herrn Juncker kommt man nicht vorbei. Es nützte der Schweiz wenig, dass diverse europäische Finanzminister diese Nichtanerkennung der Schweizer Börsenregulierung kritisierten, denn als es darauf ankam, unterwarfen sie ihre Ansicht dem Willen der Kommission und deren Präsidenten. Nicht zuletzt deshalb sind wir zur Erkenntnis gelangt, dass die Langsamkeit des Schweizer Politsystems eine zusätzliche Hürde darstellt, die erstens im Ausland nicht unbedingt auf Sympathien stösst und zweitens gemanagt sein will, indem man voraussehbare Prozesse früher anstossen sollte.
Grundsätzlich hat aber der neue Chefunterhändler der Schweiz, Staatssekretär Roberto Balzaretti, gute Arbeit geleistet und die Verhandlungen sind dieses Jahr auch dementsprechend weit fortgeschritten. Wie bereits erwähnt, hat man es bei den flankierenden Massnahmen leider verpasst, rechtzeitig die von den Gewerkschaften definierten ‹roten Linien› vorzuverhandeln, um damit eine Neubeurteilung zu ermöglichen, respektive eine Blockade zu verhindern. Für diese Versäumnis muss sich der Bundesrat zu Recht Kritik gefallen lassen.

Es gab eine Zeit, wo Sie einen Beitritt der Schweiz zum Europäischen Wirtschaftsraum (EWR) befürworteten. Wären Sie längerfristig für eine Neuauflage dieser Abstimmungsvorlage, die vor 26 Jahren nur ganz knapp verworfen wurde?

› Die Idee eines EWR II ist nicht neu, aber aus meiner Sicht würden sich damit die Probleme der Schweiz nicht lösen lassen. Erstens müssten alle Rechtsnormen der EU automatisch übernommen werden und zweitens wäre die Schweiz ganz klar ein politisches Leichtgewicht mit beschränkten Einfluss- und Gestaltungsmöglichkeiten. Wir hätten in der Tat noch weniger Freiheiten, als wir sie jetzt bereits innerhalb des Konstrukts der Bilateralen geniessen. Ich stehe ganz klar zum Rahmenabkommen, denn hier geht es um den Marktzugang und im Markt darf es keine unterschiedlichen Spielregeln geben. Bei der Finanz-, Sicherheits- und Aussenpolitik hingegen würde eine einheitliche Regelung aus meiner Schweizer Sicht keinen Sinn ergeben.

Wie schätzen Sie die Reaktion der EU auf den eher unerwarteten Brexit ein?

▸ Ich vermisse Ansätze zur Selbstreflexion. Eine Diskussion um eigene Versäumnisse oder grundlegende Probleme der EU, die zum Austritt der Briten aus der Union beigetragen haben könnten, findet zumindest in der Öffentlichkeit nicht statt. Im Gegenteil, ich habe das Gefühl, dass sich Brüssel in den Brexit-Verhandlungen eher in der Rolle der Indignierten gefällt, die kein grosses Interesse an einer pragmatischen und schmerzlosen Trennung zeigt.
Die Schweiz versucht seit geraumer Zeit, mit der EU einen Dialog zum Thema Mitgliedschaft zu führen, der auf der Prämisse beruht, dass ja nicht alle Staaten einfach Mitglieder werden können und dass es vielleicht auch andere Formen der Assoziation als die EU-Vollmitgliedschaft bräuchte. Leider sind diese Gespräche ohne konkrete Resultate geblieben und eine institutionalisierte Lösung, die unter Umständen auch beim Brexit zur Anwendung hätte kommen können, liegt nicht vor. Aber auf welcher Grundlage will man denn mit den Ländern des Westbalkans, der Türkei, Georgien oder der Ukraine Verhandlungen führen, die auf eine stärkere wirtschaftliche Anbindung an Europa abzielen? Momentan gibt es ausser der Vollmitgliedschaft und dem EWR keine anderen Formen der institutionalisierten Zusammenarbeit, was ich als sehr problematisch erachte.

Gibt es eine Zweck-Allianz zwischen London und Bern, welche die gemeinsame Position des EU-Aussenstehenden zu verbessern sucht?

▸ Es existiert ein sehr grosses Interesse der Briten an unseren bilateralen Verträgen, denn man darf nicht vergessen, dass Grossbritannien ausserhalb der EU (noch) über kein einziges Vertragswerk verfügt, auf das man sich zusätzlich abstützen könnte. Die Schweiz hingegen hat sich nebst den bilateralen Verträgen mit der EU auch ihre EFTA-Mitgliedschaft erhalten und hat eine lange Erfahrung im Verhandeln auf der Aussenseiterposition. Auch in den Bereichen Finanzplatz, Innovation und Bildungswesen besteht eine gemeinsame Interessenlage, sodass diese Gebiete in Zukunft von einer ausgedehnteren Zusammenarbeit profitieren könnten.

Welches sind Ihre politischen Vorbilder im In- und Ausland?

▸ Da steht bei mir Angela Merkel an erster Stelle, die ich nach wie vor als eine der besten Politikerinnen einstufen würde, auch wenn sie sich manchmal mit ihren Entscheiden viel Zeit lässt. Obwohl sie sicher auch Fehler begangen hat,

gibt es in Europa nur wenige Politiker, die sich punkto Leadership, Kompetenz und sachlichem Überblick mit ihr messen lassen.
Auch der frühere holländische Premierminister, Jan Peter Balkenende, hat mich beeindruckt, und jenseits des Atlantiks Barack Obama. Derzeit ist die Auswahl an hochkarätigen Persönlichkeiten in der europäischen Gegenwartspolitik, die sich als Vorbilder für mich eignen würden, eher bescheiden.
Emmanuel Macron versucht mit gewissen Reformvorschlägen etwas neuen Wind in die Politik Frankreichs und in die Europäische Union zu bringen. Das gilt es durchaus anzuerkennen, obwohl diese inhaltlich nicht immer auf meiner politischen Linie liegen. Er liebt natürlich den pompösen Auftritt, was mir nicht entspricht.
Ausserhalb der erwähnten CVP-Vorbilder habe ich die Schweizer FDP-Politiker Franz Steinegger und Gerold Bührer stets geschätzt, weil sie frei sind von ideologischen und parteidoktrinären Vorgaben, eine gesunde Sachpolitik betrieben und über die Parteigrenzen hinweg mit allen Parlamentariern den Dialog suchten. Dabei erwiesen sie sich als verlässliche Partner, die stets zu ihrem Wort standen. Daneben hatte ich auch zu Ernst Mühlemann immer ein sehr gutes Verhältnis, nicht nur wegen seiner amüsanten Persönlichkeit. Ich war auch von seinem Engagement und seinem bemerkenswerten Beitrag für die Schweizer Aussenpolitik sehr beindruckt und schätzte ihn als kompetenten Gesprächspartner. Im Weiteren schätzte ich René Rhinow als Staatsrechtler, Regine Aeppli als Juristin oder Andrea Hämmerle als Verkehrspolitiker.

Wie sieht Ihre Vision für «die Schweiz in zwanzig Jahren» aus?

‣ In der Schweiz scheint momentan ein Gefühl der Unverletzlichkeit vorzuherrschen, welches eine gewisse Immunität gegen Einflüsse von aussen suggeriert. Ich finde dies gefährlich, denn die Schweiz ist sehr wohl Teil der internationalen Gemeinschaft und kann sich den daraus resultierenden Einflüssen nicht oder nur zu einem kleinen Teil entziehen. Als Exportland sind wir verletzlich.
In unserem Verhältnis zur Europäischen Union sollte ja bereits 2018 einiges geklärt werden können. Aber ich vermute, dass sich die Situation für die Schweiz eher noch zuspitzen wird angesichts der Verzögerung mit und der Kritik am Rahmenabkommen.
Ein anderer Trend, dem wir uns nicht entziehen können, sind die Auswirkungen der Migrationsströme, welche vor allem Menschen aus Afrika nach Europa und damit auch in die Schweiz schleusen. Es ist eine reine Frage der Zeit, bis dieser Migrationsdruck wieder zunimmt, und ich frage mich, ob unser Land darauf

vorbereitet ist. Eine Reform des Dublin-Abkommens und der Massnahmen vor Ort sind derzeit nicht mehrheitsfähig.

Ein weiteres Sorgenkind scheint mir Italien zu sein, denn die finanzielle und wirtschaftliche Verfassung unseres südlichen Nachbarn ist momentan alles andere als gesund. Wenn sich das Land in die gleiche Richtung entwickelt, wie das vor einigen Jahren mit Griechenland der Fall war, dann kann sich Europa inklusive der Schweiz auf ein Problem einstellen, das die Griechenlandkrise um den Faktor zehn übertreffen dürfte.

Die Schweiz ist aufgrund ihrer geografischen und wirtschaftlichen Situation viel verletzlicher, als das viele Schweizer wahrnehmen, und die Einstellung, dass diese Entwicklungen uns ja eigentlich nichts oder nur marginal etwas angehen, erachte ich als besorgniserregend, denn die möglichen Auswirkungen auf unsere Währung und die exportabhängigen Sektoren unserer Volkswirtschaft machen uns aussenpolitisch sehr wohl verwundbar.
Vergleichsweise temperiert fällt die Analyse der Herausforderungen im eigenen Land aus: Die AHV wird saniert werden müssen, die technische Infrastruktur muss auf Vordermann gebracht werden und es gilt, die Teuerung und den Staatshaushalt im Griff zu behalten. Das sind alles relativ geringfügige Probleme, zu denen teilweise bereits Lösungsvorschläge oder sogar -muster bestehen. Bei all diesen Projekten steht die finanzielle Machbarkeit im Zentrum und normalerweise stellt die Finanzierung kein unüberwindliches Hindernis dar, wenn der helvetische Wirtschaftsmotor einigermassen brummt.
Dieser wirtschaftliche Motor kann relativ rasch ins Stottern kommen. Hier ist der Reformstau auf zunehmende Unfähigkeit zum Konsens zurückzuführen. Da braucht es z. B. nur einige wenige multinationale Grossunternehmen, die mit dem Standort Schweiz nicht mehr zufrieden sind und ihren Hauptsitz ins Ausland verlegen. Damit würde ein fataler Prozess in Gang gesetzt, der den betroffenen Kantonen und dem Bund empfindliche Steuereinbussen und den Verlust von Arbeitsplätzen bescheren würde, was in letzter Konsequenz die Machbarkeit ebendieser Projekte infrage stellen würde. Deshalb erachte ich es als enorm wichtig und vorrangig, dass die Schweiz auch in Zukunft in der Lage sein wird, ein für Firmen und Investoren attraktives Umfeld mit wettbewerbsfähigen Rahmenbedingungen zu gestalten.

Ein- bis zweimal pro Jahr hält der Bundesrat seine wöchentliche Sitzung «extra muros», d.h. ausserhalb der Bundeshausmauern ab. Anschliessend treffen die sieben Regierungsmitglieder die Bevölkerung, wie hier am 16. April 2014 in Schwyz, wo dieses Selfie entstand.

Die Frau, die Frauen fördert

Doris Leuthard hatte in der Politik den Mut zu einem farbenfrohen Stil. Gleichzeitig ist sie eine grosse Frauenfördererin.

Doris Leuthard wurde durch einen unkonventionellen und mutigen, für National- und Ständerat parallel geführten Wahlkampf innerhalb weniger Wochen national bekannt. Einmal gewählt, steckte sie – wie bei allem, was sie tut – viel Energie in ihre Einarbeitungszeit für die neuen Ämter. Die damalige Luzerner Nationalrätin Rosmarie Dormann (1987 – 2003 im Rat für die CVP) nahm sie in ihren ersten Wochen in Bern gleichsam als Gotte unter die Fittiche, wie sie dem «Tages-Anzeiger» einmal erzählte: «Sie hat mir genau erklärt, welche Regeln ich beachten sollte. Auch riet sie mir, ja nicht in aufreizenden Kleidern und nicht in allzu süssen Farben zu erscheinen. Sonst würde ich in den Augen der anderen nur als Fräulein ernst genommen.»

Während sie die Ratschläge ihrer älteren und erfahreneren Kollegin beachtete, blieb sie sich selbst jedoch treu und pflegte von Beginn an einen Bekleidungsstil, der bezüglich der Bandbreite in Farbe und Form alles hinter sich liess, was ihre Vorgängerinnen von Elisabeth Kopp bis Ruth Metzler an magistralem Tenue vorgelegt hatten. So stürzten sich denn auch die Medien und namentlich der Boulevard auf das Thema «Doris Leuthard und die Mode», und

Nationalrätin Dormann riet ihr, keine aufreizenden Kleider und allzu süsse Farben zu tragen.

Das «Doris Watching», ähnlich dem Royal Watching in Grossbritannien, entwickelte sich zum journalistischen Volkssport.

mit mehr oder weniger Sachkenntnis, oft auch mit onkel- und tantenhaftem Beratungston, wurde in den zwölf Jahren ihrer Amtszeit alles, was ihr äusseres Erscheinungsbild betraf, kommentiert: von der Frisur über die Bekleidung und die Schuhe bis hin zu Schmuck und Make-up. Plötzlich entwickelte sich das «Doris Watching», ähnlich dem Royal Watching in Grossbritannien, zum journalistischen Volkssport, wie dieses Beispiel aus dem «Blick» vom Staatsbesuch in Norwegen 2010 zeigt: «Harmonie herrschte dafür abends im Königspalast in Oslo. Zum Gala-Diner trug die Bundespräsidentin ein bodenlanges rotes Kleid, das perfekt zur royalen Schärpe von König Harald (73) passte. Leuthards Robe sass perfekt, die grosse Blume am Dekolleté wirkte glamourös. Die kleine schwarze Clutch ergänzte die Schuhe und der Lippenstift leuchtete im selben ‹Helvetia-Rot› wie ihr Kleid.» Nach dem Lob kam dann noch die Rüge: «Einen Kritikpunkt gibt es dennoch an unserer ‹Lady In Red›: Sie zeigte der royalen Familie die kalte Schulter, ein Fauxpas! Am Hof gehören Arme und Schultern bedeckt, das zeigt das Gruppenbild mit der Königsfamilie. Sogar Lady Gaga gab sich bei ihrem Treffen mit Queen Elizabeth vor einem Jahr ‹comme il faut› zugeknöpft.»

In ihrem ersten Präsidialjahr (2010) besuchte Doris Leuthard Norwegen, wo sie von König Harald zum Galadiner im Palast geleitet wird.

Silvia Aeschbach, Journalistin, Bestseller-Autorin («Älterwerden für Anfängerinnen») und Stilbüro-Inhaberin äussert sich zu Doris Leuthards Garderobe während ihrer Bundesratszeit wie folgt: «Positiv empfinde ich, dass Doris Leuthard als Bundesrätin den Mut zu ihrem eigenen – manchmal auch (zu) eigenwilligen – farbenfrohen und unkonventionellen Stil hatte. Auf diese Weise hob sie sich angenehm von den üblichen dezenten Blau- und GrauträgerInnen ab. Am besten hat sie mir allerdings gefallen, wenn sie gut geschnittene Modelle trug, die sich durch eine einfache, aber perfekte Schnittführung und hochwertige Materialien auszeichneten. Insofern war Akris sicher die perfekte Adresse für sie, denn Designer Albert Kriemler beweist immer wieder, dass klassisch geschnittene Mode nicht bieder sein muss. Er kleidet ja unter anderem auch Charlène von Monaco ein, die ebenfalls viel repräsentieren muss und, bei aller Seriosität, auch frisch und jung aussehen will.

Bei der Wahl ihrer teilweise zu originellen Kreationen – der Tiefpunkt diesbezüglich war sicher ihr viel diskutiertes weisses ‹Löcher›-Outfit, das sie bei der Eröffnung des Gotthard-Basistunnels trug, notabene ein politischer Einweihungsakt mit internationaler Beteiligung und Beachtung, bewies sie oft kein glückliches Händchen. Die Absicht war definitiv besser als das Resultat. Aber auch andere textile Kombinationen, mit denen die Bundesrätin sicher auch ihre lebensfrohe und fröhliche Art ausdrücken wollte, waren suboptimal: So sehen nun mal grosse Muster und Motive, vielleicht sogar noch in Knallfarben, nicht einmal an einem zaundünnen Modell wirklich gut aus.

Doris Leuthard 2017 mit dem chinesischen Präsidenten Xi Jinping an einer Veranstaltung zur «Belt and Road Initiative» (Stärkung der Handelsinfrastruktur Chinas).

Und Abendkleider, deren Material unvorteilhaft knitterte und an gewissen Stellen spannte, Kleidersäume mit einer unvorteilhaften Länge, die nichts für ihre Beine machten (um eine Redewendung des Designers Guido Maria Kretschmer zu verwenden), vor allem noch, wenn diese in blickdichten, schwarzen Strümpfen steckten, aber auch Accessoires wie Schlappen mit offenen Zehen, die sie zu einem langen, festlichen Dress trug, sollte sich eine Frau in ihrer Position, die Mode liebt und sich diese auch leisten kann, eigentlich nicht erlauben. Manchmal hätten ein paar kleine Korrekturen gereicht, und der Look wäre toll gewesen. Das hätte Doris Leuthard auch geholfen, eine grössere Sicherheit bei der Wahl ihrer Outfits zu entwickeln. Und das spart nicht nur Zeit und Nerven, sondern verleiht auch zusätzliches Selbstvertrauen. Und in dieser Beziehung unterscheidet sich eine Bundesrätin nicht von jeder anderen modeinteressierten Frau.»

Traditionell: Doris Leuthard am Eidgenössischen Trachtenfest in Schwyz im Juni 2010. Die damalige Bundespräsidentin trägt eine Freiämter Festtagstracht.

Sowohl die Magistratin selbst wie auch Frauen aus ihrem beruflichen und privaten Umfeld weisen auf die Ungleichbehandlung hin, dass bei Doris Leuthard genauestens darauf geschaut werde, was sie trage, während niemand über die Anzüge von Ueli Maurer oder Guy Parmelin auch nur eine Zeile verliere. Dies ist sicher richtig so, wobei eine nüchterne Analyse über die Garderobe der beiden Letztgenannten vermutlich nicht zu einer Explosion der Klickzahlen beim entsprechenden Medium führen würde.

Die Tatsache, überall erkannt zu werden und nichts tun zu können, ohne dass dies sofort kommentiert wird, war, wie Doris Leuthard sagt, gewöhnungsbedürftig: «Der Einsitz in die Landesregierung kommt zum Preis einer rigorosen Lebensumstellung. Ob das die Bemessung der eigenen Zeit oder die Prioritätensetzung bei den Lebensinhalten betrifft, das Amt bestimmt den Tagesablauf eines Bundesrates, und das an sieben Tagen zu 24 Stunden. Da bleibt für Familie und Freunde einfach weniger Zeit, denn auch die meisten Wochenenden sind verplant. Die Aussicht auf ein extrem reduziertes Privatleben mit noch weniger Zeit für die mir nahestehenden Personen gefiel mir eigentlich überhaupt nicht. Andererseits wusste ich genau, dass ich einer einmal übernommenen Verpflichtung mit vollem Elan und Einsatz nachkommen würde, denn Halbherzigkeit und faule Kompromisse sind mir fremd. Ein anderer Aspekt, mit dem ich mich zuerst ein wenig schwertat, war der Umgang mit den Medien. Man kann das zwar erlernen, aber es ist schon sehr gewöhnungsbedürftig, sich im Zentrum des öffentlichen Interesses wiederzufinden. In den meisten Situationen kann ich gut damit umgehen, aber es gibt auch heute noch Momente, in denen ich mich schwertue, dass ich nichts verrichten oder sagen kann, ohne dass es sogleich kommentiert wird.»

Bei Doris Leuthard wird genauestens darauf geschaut, was sie trägt. Über die Anzüge von Ueli Maurer verliert man nicht eine Zeile.

Für die Betroffene war die Boulevard-Diskussion rund um ihr Erscheinungsbild vielleicht bisweilen ärgerlich, doch die Zeitung von heute ist das Altpapier von morgen. Wesentlich schwieriger zu verdauen, weil potentiell auch gefährlich, waren die gesammelten Hass-Kommentare, mit denen sie konfrontiert war. Der «Tages-Anzeiger» beschäftigt mehrere Online-Redaktoren, die jeden Kommentar auf Publizierbarkeit überprüfen. Rassismus, Sexismus, Beleidigungen und

«Ich bin nicht bereit, mir mein positives Menschenbild aufgrund unqualifizierter Kritik oder Beschimpfungen ruinieren zu lassen.»

Ehrverletzungen, aber auch Werbung werden nicht freigeschaltet.
Zwischen Juni 2017 und Januar 2018 prüfte das Online-Team des «Tages-Anzeigers» 717 336 Leserkommentare. 207 661 davon, das entspricht 29 %, wurden als unpublizierbar herausgefiltert. Im Zentrum des Hasses von Kommentatoren standen beim Bundesrat Simonetta Sommaruga, die für die Kommunikation der Asylpolitik zuständig ist, Johann Schneider-Ammann (offenbar wegen dessen Unternehmervergangenheit) und Doris Leuthard, die eigentlich keine Dossiers führt, welche den Volkszorn automatisch anziehen würden. Es ist gut möglich, dass sich hier ein gewisses Klientel eingeschossen hat auf eine Frau in einer Machtposition, denn seltsamerweise halten sich beim «linken» Bundesrat Alain Berset die positiven und negativen Kommentare die Waage, während Aussenminister Ignazio Cassis, Finanzminister Ueli Maurer und Verteidigungsminister Guy Parmelin mehr gelobt als kritisiert oder gar gehasst werden.
Zu den Angriffen im Internet und insbesondere auf Social Media Plattformen nimmt die Bundesrätin wie folgt Stellung: «Über die letzten zehn Jahre ist eine klare Zunahme solcher Übergriffe zu verzeichnen. Anscheinend gibt es immer mehr Leute, die mit ihren eigenen Lebensumständen extrem unzufrieden oder überfordert sind, was sich dann buchstäblich in einer Flut von Beschimpfungen ausdrückt. Dieses Phänomen ist übrigens auch der Polizei bekannt, die über den gleichen Zeitraum immer öfter mit Bedrohungssituationen konfrontiert wurde, die der gleichen Urheberschaft zuzurechnen sind. Es ist gar nicht so einfach, mit dieser Situation umzugehen und zu entscheiden, wann ein Polizeischutz wirklich angezeigt ist und wann es sich um leere Drohungen handelt. Wie dem auch sei, die Einschränkung meiner persönlichen Bewegungsfreiheit ist immer wieder ein Thema.
Social Media Kanäle haben es einfacher gemacht, in relativer Anonymität seinen Frustrationen freien Lauf zu lassen, was natürlich Personen in gesellschaftlich exponierter Stellung überproportional zu spüren kriegen. Allerdings muss ich hier einräumen, dass die überwiegende Zahl von Kommentaren aus der Bevölkerung höchst anständig und insgesamt akzeptabel ist. Ich bin auch nicht bereit, mir mein positives Menschenbild aufgrund unqualifizierter Kritik, Beleidigungen oder Beschimpfungen ruinieren zu lassen. Meine Mitarbeiter wissen das auch und meistens landen solche Beiträge im Mülleimer, ohne dass ich mich weiter damit zu beschäftigen bräuchte.»

Mit dem Ziel Familien- und Berufsleben vorab für Frauen besser zu verbinden liess Bundesrätin Leuthard ein KMU-Handbuch erarbeiten. Beteiligt waren auch der Schweizerische Gewerbeverband, vertreten an der Präsentation vom 12. Februar 2007 mit Direktor Pierre Triponez (links), und der Schweizerische Arbeitgeberverband, vertreten durch den Direktor, Thomas Daum (rechts).

Doch zurück zu erfreulicheren Themen. Als Frau, die bereits in jungen Jahren enorm viel erreicht hatte, machte Doris Leuthard die Frauenförderung gleich nach ihrem Arbeitsbeginn im Bundesrat zur Chefsache, aber auch zur Herzensangelegenheit. Die neue Vorsteherin des Eidgenössischen Volkswirtschaftsdepartements publizierte in ihrem ersten Jahr einen Bericht zur Situation der Unternehmerinnen in der Schweiz mit dem Namen «PotentiELLE», der folgende Fragen beantworten wollte:

- Wie viele Unternehmerinnen gibt es? In welchen Branchen arbeiten sie? Wie viele Mitarbeitende beschäftigen sie? Wie viel verdienen sie?
- Mit welchen spezifischen Hindernissen, Problemen und allfälligen Diskriminierungen werden Firmengründerinnen konfrontiert?
- Von welchen Beratungs- und Finanzierungsprogrammen der öffentlichen Hand können angehende Gründerinnen und Unternehmerinnen Unterstützung erwarten?
- Mit welchen Massnahmen und Empfehlungen können Existenzgründerinnen und Unternehmerinnen besser unterstützt werden?

Im Folgejahr organisierte das Volkswirtschaftsdepartment in Horgen eine Tagung gleichen Namens, in der 2000 Teilnehmerinnen und Teilnehmer (bestehende sowie potentielle Unternehmer und Unternehmerinnen) über Themen wie Chancengleichheit und Förderung von (weiblichen) Talenten diskutierten.

Zwischen dem PotentiELLE-Bericht und der Tagung publizierte das EVD einen Leitfaden für eine familienfreundliche Unternehmensführung mit dem Titel: «KMU-Handbuch Beruf und Familie. Massnahmen zur Vereinbarkeit von Beruf und Familie in kleinen und mittleren Unternehmen.» Als Partner fungierten der Schweizerische Arbeitgeberverband sowie der Schweizerische Gewerbeverband.

Der Bericht beinhaltet nicht nur eine kurze, knappe und knackige Zusammenfassung darüber, welche Faktoren in KMUs für die Frauenförderung entscheidend sind, son-

Doppelte Frauen-Power: Bundespräsidentin Doris Leuthard und die deutsche Kanzlerin Angela Merkel auf dem Weg zu einer Pressekonferenz am 28. April 2010 in Berlin.

Als Familienmensch engagierte sich Doris Leuthard 2004 tatkräftig für die Mutterschaftsversicherung.

Die Frauengruppe der CVP Muri AG gratulierte Doris Leuthard im Bundeshaus am 2. Dezember 2009 zu ihrer ersten Wahl als Bundespräsidentin.

dern führt gleichzeitig ein Dutzend Praxisbeispiele von Unternehmen an, die ihre Tore öffnen und Auskunft darüber geben, wie und wo bei ihnen die Frauenförderung funktioniert beziehungsweise welche Bereiche noch einer Verbesserung bedürfen. Das KMU-Handbuch ist im besten Sinn des Wortes journalistisch: Informativ, praxisnah und mit einem Mehrwert für das Lesepublikum.

Das Thema Frauenförderung war immer wieder integraler Teil von Doris Leuthards Arbeit. 2010 initiierte sie zusammen mit Ständeratspräsidentin Erika Forster (FDP, SG) und Nationalratspräsidentin Pascale Bruderer (SP, AG) im Bundeshaus einen Begegnungstag für Frauen. 700 Frauen aus Wissenschaft, Wirtschaft, Kultur und Sport, aber auch Familienfrauen folgten der Einladung unter der ersten gleichzeitigen Führung von Bundesrat, Ständerat und Nationalrat durch Frauen.

Wie fast jedes Thema würzt Doris Leuthard auch das Thema Frauenförderung mit einer Prise Humor. In einem Video zum Thema «Engagiert Euch! – halbe-halbe – mehr Frauen in der Politik» ermutigt sie junge Frauen, sich mehr einzubringen. Nur mit genügend Engagement und dem Willen «mitzumischen» kann Geschlechterparität entstehen.

Doris Leuthards Engagement für die Frauen besteht aber auch aus Hunderten von kleinen Dingen. Wenn die frühere Miss Schweiz, Christa Rigozzi, ein Buch schreibt, so zögert die Bundesrätin nicht, dafür ein sehr persönliches, aufmunterndes Vorwort zu schreiben. Und selbst mitten im Ab- und Übergabestress ihrer letzten Wochen im Bundesrat hindert sie nichts daran, an der Premiere von «Female Pleasure» teilzunehmen, einem erschütternden Dokumentarfilm über fünf Frauen, die in völlig unterschiedlichen Kulturen gegen sexuelle Unterdrückung im Namen ihrer jeweiligen Religion kämpfen.

Wo immer sie kann, fördert Doris Leuthard Frauen mit Worten und Taten, nicht jedoch mit Forderungen nach gesetzlich verankerten Frauenquoten in politischen oder wirtschaftlichen Gremien wie Verwaltungsräten und Geschäftsleitungen.

Wo immer sie kann, fördert Doris Leuthard Frauen mit Worten und Taten.

Am Eidgenössischen Schwing- und Älplerfest hält
Doris Leuthard die Festrede in eidgenössischem Rot.

Die grosse Kommunikatorin

Bundesrätin Leuthard kommuniziert überall mit einer ausserordentlichen Begabung. Kein Wunder, dass sie die Beliebteste in der Regierung ist.

Der in seinem Präsidentschaftswahlkampf 1979 und noch nach seinem Amtsantritt 1980 massiv unterschätzte amerikanische Schauspieler und ehemalige Gouverneur von Kalifornien, Ronald Reagan, ging in die Geschichte der Vereinigten Staaten ein als «the great communicator». Ohne diesen Vergleich jetzt weiterführen zu wollen, kann man den Titel 1:1 auf Doris Leuthard übertragen. Sie ist mit Abstand die derzeit begnadetste Kommunikatorin im Bundesrat, und so ist es wohl nur folgerichtig, dass Doris Leuthard die Beliebtheitsstatistik des Bundesrats immer anführte. Diese Pole-Position übernahm sie von Micheline Calmy-Rey. Dass dies passierte, während die Genferin noch im Amt war, dürfte für die Dame von der Rhone keine gute Grundlage für die Entstehung einer lebenslangen Freundschaft gewesen sein.

Doch wie entsteht das Image einer öffentlichen Person und wie wird es nachhaltig beeinflusst? Vermutlich hat ja nur eine kleine Minderheit der 8,4 Millionen Einwohner der Schweiz Doris Leuthard je live gesehen oder ist ihr persönlich begegnet. Wie kommt also der durchschlagende Erfolg in den Bundesratsrankings zustande? – Sicher hat die Presse dabei über den geschriebenen Text einen maßgeblichen Einfluss. Doch die Menschen verschaffen sich zunächst über das Bild

Ob Staatspräsident oder eine einfache Person vom Land – Doris Leuthard findet überall den richtigen Ton.

Von wenigen Ausnahmen abgesehen, macht sie im TV immer eine gute Figur.

einen ersten Eindruck, bevor sie den Text lesen. Und was sehen sie im Bild? – Eine lächelnde oder gar lachende Bundesrätin, wie aus dem Ei gepellt und gerade vom Coiffeurtermin kommend. Noch dazu ist Doris Leuthards Stimme, ob in Aargauer Mundart, schweizerisch gefärbtem Hochdeutsch, Französisch, Englisch oder Italienisch stets authentisch und trägt bei zu ihrem Image als Sympathieträgerin. Last but not least: Das Fernsehen. Hier stehen Emotionen und nonverbale Aussagen noch viel mehr im Vordergrund.

Dies musste sogar der Doyen der politischen Berichterstattung im Hause Ringier, Frank A. Meyer, erfahren: Im Tram fahrend bemerkte er, wie eine Mutter mit ihrer Tochter tuschelte. Offensichtlich hatten sie ihn als langjährigen Moderator der politischen Talk-Sendung «Vis-à-vis» erkannt. Da sowohl Mutter wie Tochter etwas schüchtern waren, stellte er sich vor. Sie plauderten ein wenig und die beiden Damen erzählten Meyer, dass sie seine letzte Sendung gesehen hätten. Hocherfreut wollte der alte Politfuchs wissen, was sie denn zum Inhalt des Gesprächs meinten. – Die Zuschauerinnen winkten ab. Nein, nein, nein. Das wüssten sie nicht mehr. Hingegen hätten sie seine Socken noch klar in Erinnerung. Der sichtlich ernüchterte Journalist fragte konsterniert, was denn mit seiner Fussbekleidung los gewesen sei. Die Antwort: Der Tochter gefielen die Socken, die Mutter empfand sie als zu kurz und zu bunt. – So viel zur Wirkung von Worten und Socken im Fernsehen.

Doris Leuthard hat gut lachen: Am 21. Mai 2017 kommentiert sie ihren Sieg in der für sie wichtigsten Abstimmung: dem Energiegesetz, das vom Stimmvolk mit einer überzeugenden Mehrheit von 58,2% angenommen wurde.

Bundesrätin Doris Leuthard verteidigt gegenüber dem Rundschau-Moderator Sandro Brotz im Januar 2016 den Bau einer zweiten Röhre beim Gotthard-Strassentunnel. Das Interview ist hart geführt, die Interviewte pariert jeden Angriff gekonnt.

Wer nun meint, ein Fernsehauftritt sei wie die Zeitung von gestern, irrt sich. Was den Inhalt angeht, ja. Was aber die nonverbale Botschaft angeht (gut – schlecht, sympathisch – unsympathisch, vertrauenserweckend – verdächtig), mitnichten. Während die rein verbale, faktische Botschaft relativ schnell in Vergessenheit gerät, bleiben emotionale Eindrücke deutlich länger in der Erinnerung. Und so ist es auch bei Doris Leuthard: Von wenigen Ausnahmen abgesehen, macht sie im Fernsehen immer eine gute Figur, denn sie kennt die Materie aus dem Effeff, hat auch die komplexesten Fragen schon antizipiert (dafür hat man ja auch eine intelligente Kommunikationstruppe im Rücken) und verfügt somit über die nötige Sicherheit, um kompetent, flüssig, entspannt und angenehm moduliert zu sprechen. Dazu setzt sie die Elemente der nonverbalen Kommunikation so souverän ein wie Roger Federer Service, Vorhand, Backhand, Slice, Topspin, Volley und Smash, wenn er so richtig im Saft ist.

Dies lässt sich auch anhand zweier Beispiele gut illustrieren; beide sind im Internet frei zugänglich. Das erste ist ein Interview von Sandro Brotz mit Doris Leuthard in der Sendung «Rundschau» zum Thema: Bau einer zweiten Gotthardröhre (Sendung vom 20.1.2016). Sandro Brotz gilt in der Schweiz als einer der härtesten Interviewer, gerade weil er knallhart in der Sache ist und nie plumpe Methoden anwendet.

Der Moderator ist – eine Geste der Höflichkeit – im perfekten Business-Outfit mit Anzug und leicht dandyhafter, violett-lila-Kombination bei

Doris Leuthard tritt die Herausforderung an. Die Botschaft: Lass uns mit dem Kampf beginnen.

Hemd, Krawatte und Einstecktuch. Ein Wolf im Schafspelz. Doris Leuthard tritt die Herausforderung ebenfalls mit einem medialen Kimono an (dunkler Blazer, helle Bluse, bis oben geschlossen). Die Botschaft: Lass uns mit dem Kampf beginnen. Sie kennt das Thema, weiss aber nicht, welche Beweisinstrumente Brotz vorbringen wird. Was nun abläuft, ist rhetorische Kunst auf höchstem Niveau. Brotz kann machen, was er will, die Verkehrsministerin kontert jedes Mal gekonnt. Selbstverständlich ist sie von ihrer Kommunikationsmannschaft bestens vorbereitet worden und rechnet auch damit, dass sie mit ihrem Amtsvorgänger Moritz Leuenberger – notabene als Gegner der zweiten Gotthardröhre – konfrontiert wird, sowie mit einem Rechtsprofessor, der die Verfassungsmässigkeit dieses Baus infrage stellt. Und natürlich weiss sie, dass man im Boulevardmedium Fernsehen keine komplizierten rechtlichen Fragen erörtern kann. Konsequenz daraus: Mit der Bemerkung, bereits letztes Mal, als er sich auf die Äste herausgewagt habe, sei er vor dem Bundesgericht abgeblitzt, zieht sie dem Kronzeugen gegen sie einfach den Teppich unter den Füssen weg. Leuenberger wiederum neutralisiert sie mit einem Pass, den er ihr selber zuspielt: Das eingeblendete Kurzinterview mit Moritz Leuenberger beginnt mit dem Satz: «Ich habe ja volles Vertrauen in Frau Leuthard.» – Die Bundesrätin nimmt den Ball dankbar an und beginnt ihre Replik mit: «Ich finde es ja schön, dass Moritz Leuenberger Vertrauen in mich hat.»

Das zwölfminütige Interview ist wie der fünfte Satz in einem Grand Slam Tennisturnier, bei dem Federers Gegner im entscheidenden Moment keine Chance mehr hat. Auf der argumentativen Ebene schickt die Ministerin jeden Ball subito ins gegnerische Feld zurück. Am Schluss haben wir die Situation: Game – set – match an Doris Leuthard. Zu dieser Leistung wären längst nicht alle CEOs oder Verwaltungsratspräsidenten der grossen Schweizer Unternehmen fähig. Das Brillanteste am Interview ist aber nicht die Tonspur. Auf der Ebene der Mimik läuft die noch höhere Schule der Kommunikation ab. Brotz bringt alt Bundesrat Leuenberger als agent provocateur ins Spiel. – Netter Versuch. Fehlgeschlagen. Dann ein Witz mit Mike Shiva. Doris Leuthard, die sonst gern und viel lacht, ignoriert ihn. Nächster Versuch: ein Spässchen über die Kirche von Wassen – wieder ein Gag, der nicht ankommt. Und so weiter und so fort. Zu all dem schaut die Bundesrätin entspannt drein und schmunzelt manchmal ganz fein – wohl wissend, dass sie die Situation vollkommen unter Kontrolle hat.

Wer nun meint, das sei gar nicht so schwierig, möge doch zum Vergleich die Interviews von Bundesrat Johann Schneider-Ammann (Thema: Masseneinwanderungsinitiative und Steueroptimierung bei der Firma Ammann) in der Sendung «ECO» anschauen oder das Interview von Sandro Brotz mit Verteidigungsminister Ueli Maurer (Thema: Beschaffung des Kampfflugzeugs Gripen). Mit der Zeit verlieren beide Bundesräte die Contenance. Bundesrat Schneider-Ammann verheddert sich in Unsicherheit und Unbeholfenheit, Ueli Maurer wird fuchsteufelswild und beschimpft die Medien. Sowohl Schneider-Amman als auch Ueli Maurer verlieren klar den fight gegen Reto Lipp («ECO») bzw. Sandro Brotz («Rundschau»). Dies nicht, um die beiden erfahrenen Magistraten blosszustellen, sondern vielmehr, um die Meisterleistung von Doris Leuthard kommunikativ einzuordnen.

Gleichsam eine Galavorstellung war Doris Leuthard als Gast von Roger Schawinski in der nach ihm benannten Talk-Sendung am 16. Juni 2014. Völlig anders, jedoch mindestens ebenso gekonnt, ist diese Inszenierung der Bundesrätin. Der

Roger Schawinski rollt Bundesrätin Leuthard 2014 in seiner Diskussionssendung als wohlwollender Causeur den roten Teppich aus.

Doyen des neuen Schweizer Radiojournalismus und frühere Gründer eines Piratensenders wartete drei Jahre auf den Auftritt eines Mitglieds der Landesregierung, was grundsätzlich völlig im Rahmen ist. Sich einem Interview über eine brisante politische Frage zu stellen, ist Pflicht für einen Bundesrat. Der Auftritt in einer Talk-Sendung ist Kür. Entsprechend dankbar und charmant gibt sich der Gastgeber, der an diesem Abend nicht bissig ist wie eine Raubkatze (das kann er auch), sondern schnurrt wie ein Stubentiger. Der Charme der Bundesrätin war dabei das eine. Schawinski wusste daneben ganz genau, dass er nur hätte verlieren können, wenn er der Bundesrätin nicht perfekt gentlemanlike begegnet wäre.

Obwohl diese beiden Episoden alles andere als der Courant normal in der bundesrätlichen Kommunikation waren, so demonstrieren sie doch deutlich: Dies alles ist Rhetorik auf höchstem Niveau, die Doris Leuthard perfekt beherrscht. Der Normalfall der parlamentarischen Arbeit ist die nüchterne Debatte, die bei Doris Leuthard immer auf einer soliden Faktenkenntnis beruht. Wer allerdings so gut vorbereitet ist wie sie, kann jeder Debatte im Parlament gelassen entgegensehen, denn sie weiss: Sie wird nie jemandem eine Antwort schuldig bleiben.

Kurz vor ihrem zweiten Präsidialjahr (2017) tritt Doris Leuthard in der Comedy-Sendung Giacobbo / Müller auf. Den grössten Applaus bekommt sie für den Satz: «Ich bin nicht aus Teflon und vergiesse auch mal eine Träne.»

Regula Rytz (Grüne, Bern) und Doris Leuthard haben das Heu öfter einmal nicht auf der gleichen Bühne. Die Diskussion über die Atomausstiegsinitiative am 9. Dezember 2014 war nur eine solche Gelegenheit.

Ein robuster Schlagabtausch auf dem Podium hindert die Bundesrätin nicht daran, ihre Kontrahenten nachher zur Mitfahrt im Auto einzuladen.

Bei Doris Leuthard kommt allerdings ein weiteres Element dazu. Das Animal politique durch und durch liebt den gekonnt geführten Dialog und das politische Streitgespräch aus Freude an der Sache als solcher. Die Bundesrätin verkörpert in dieser Beziehung jenen Geist, der an den englischen Eliteuniversitäten Cambridge und Oxford, beziehungsweise in deren Debattierclubs, gelehrt, geübt und perfektioniert wird. Im Unterschied zu diesen Institutionen führt sie die Debatte jedoch immer ohne jeglichen Snobismus. Das Einzige, was sie sich zwischendurch erlaubt, sind homöopathisch verteilte kalte Duschen, wie etwa in einem Podiumsgespräch mit grünem Gegenwind: «Frau Rytz, Sie

Vor der Weiterführung ihrer Argumente muss sie sich erst vom eigenen Lachanfall erholen.

erzählen Chabis (Kohl).» Mit dieser Art von Formulierung macht sie ihr Gegenüber auf nette und nicht beleidigende Weise für einen Moment zur Lachnummer. Jeder zu fest ausgeführte Gegenschlag würde auf die Ausführende zurückfallen. Und noch etwas gehört zu Doris Leuthards gelebtem fairen Umgang miteinander: Nach der politischen Auseinandersetzung streckt sie immer wieder die Hand des Goodwills aus. Ein robuster Schlagabtausch auf dem Podium hindert die Bundesrätin nicht daran, ihre Kontrahenten nachher zur Mitfahrt in ihrem Auto nach Bern einzuladen.

Zwischendurch und wenn es das Thema erlaubt, gestattet sich Doris Leuthard auch einmal einen Moment der Leichtigkeit des Seins. In der Schweiz kann ja jeder Parlamentarier Anfragen an den Bundesrat einreichen, die in der Folge von der Verwaltung bearbeitet und vom zuständigen Bundesrat im National- oder Ständerat beantwortet werden müssen. Nationale, ja internationale Berühmtheit erlangte diesbezüglich der ehemalige Bundesrat Hans-Rudolf Merz mit seinen Ausführungen zu den Zolltarifen bei gewürztem Fleisch (Bündnerfleisch). Er hatte einen Lachanfall in verschiedenen Intensitätsstufen, musste Tränen lachen und war danach unbestritten der Liebling der Nation.

Doris Leuthards nur noch sehr knapp kontrollierte Lachattacke erfolgte bei der Beantwortung einer Parlamentarieranfrage über die eidgenössischen Pferdeprüfungen des Freiberger Zuchtverbands mit dem Zungenbrechernamen «Gymkhana». «Das Gymkhana ist als Geschicklichkeitsprüfung bekannt. Die Gymkhana-Prüfung testet, ob ein Pferd schreckhaft ist beziehungsweise Angst vor unbekannten und furchterregenden Gegenständen hat.» An dieser Stelle folgt die erste Lachsalve, etliche weitere folgen. Es versteht sich von selbst, dass Doris Leuthard in puncto Popularität solche vermeintlichen Schnitzer nicht schaden, sondern nutzen.

Einen weiteren humoristischen Bocksprung erlaubte sich die Bundesrätin kurz vor den Sommerferien 2018, als sie bei der Diskussion über das neue Jagdgesetz sagte, der Glarner Ständerat Werner Hösli sei der grössere Spezialist in Sachen Schnepfen als sie. Der Angesprochene sass im wahrsten Sinn des Wortes in kurzen Hosen da, denn dem Gros der Deutschschweizer Parlamentarier war natürlich der Doppelsinn des Wortes «Schnepfe» (Watvogel/abwertend für Frau) wohlbekannt. Dem nachfolgenden Lachsturm ist die Verursacherin wiederum nicht gewachsen – vor der Weiterführung ihrer Argumente muss sie sich von einem eigenen Lachanfall erholen.

Selbstverständlich ist auch das Naturtalent der Kommunikation nicht gegen schlechte Tage gefeit. So war beispielsweise der Auftritt beim Verkünden des klaren Siegs in der No-Billag-Abstimmung mit einer Ablehnung von 71,6 % keine Meisterleistung der zuständigen Bundesrätin. Das Fehlen der sonst in einem solchen Moment üblichen Freude und Souveränität lässt jedoch vermuten, dass dies eine Übung unter erschwerten Bedingungen war (anziehende Erkältung, Grippe o. Ä.).
Ansonsten muss man wirklich die Gelegenheiten, in denen ihr während ihrer zwölfjährigen Amtszeit Fehler unterliefen, mit der Lupe suchen. Besonders über einen dieser seltenen Ausrutscher ärgerte sie sich noch lange danach: Sie war in einem Abstimmungskampf in der konfrontativen Diskussionssendung «Arena» des Schweizer Fernsehens SRF. Thema: Die Erhöhung des Preises der Schweizer Autovignette für PKW von 40 auf 100 Franken. Hier passierte der Verkehrsministerin ein für sie vollkommen untypischer Lapsus: Auf die Frage, ob Lastwagen ebenfalls eine Vignette brauchen, antwortete sie in einem Moment der Absenz mit Ja. Die richtige Antwort wäre Nein gewesen, denn LKWs bezahlen ja bereits die Schwerverkehrsabgabe. Heute meint sie lachend dazu: «Ich habe die Niederlage bei der Vignetten-Abstimmung von 2013 nur langsam verdaut. Ich bin heute noch davon überzeugt, dass ich mir damals in einer ‹Arena›-Sendung mit einer Falschaussage zur Vignettenpflicht von Lastwagen selbst den Teppich unter den Füssen weggezogen habe.» Nüchtern betrachtet ist zu bezweifeln, dass dieser Schnitzer

das klare Abstimmungsresultat gegen die Vorlage provoziert hat. Weiter fährt Doris Leuthard fort: «Eine eher amüsante Reaktion seitens der Lastwagenfahrer, zu denen ich seither ein sehr gutes Verhältnis habe, liess denn auch nicht lange auf sich warten. Einige von ihnen liessen sich prompt Nummernschilder anfertigen, auf denen Kommentare wie ‹Hoi Doris› zu lesen waren.»

Bundesrätin Leuthards vehementer Appell war vergebens – das Schweizer Stimmvolk verwarf eine Preiserhöhung für die Autobahnvignette.

«Ich habe die Niederlage bei der Vignetten-Abstimmung von 2013 nur langsam verdaut.»

Ein anderer Schnitzer passierte ihr im Sommer 2011 während eines Podiumsgesprächs mit Schweizer sowie süddeutschen Interessenvertretern bezüglich der Fluglärmfrage. Die Schweizer Vertreter des Flughafens, der Fluggesellschaft Swiss und einige andere ärgerten sich, dass die Politiker in Baden-Württemberg die Anzahl der Überflüge einseitig eingeschränkt hatten (zu Recht), was den Flughafen Zürich beziehungsweise die Flugsicherungsbehörde Skyguide seither zwingt, alternative Anflugrouten in Anspruch zu nehmen. Wohl in einem Moment verminderter Konzentration nannte Doris Leuthard die süddeutschen Fluglärmgegner «Taliban». – Es passierte, was passieren musste: In Süddeutschland stürzten sich Politiker und Medien auf diesen vorbelasteten und sehr sensiblen Begriff, sodass sich Doris Leuthard zu einer Entschuldigung veranlasst sah.

In der Gesamtbilanz ihrer Kommunikation während ihrer zwölfjährigen Amtszeit sind dies jedoch vernachlässigbare und menschliche Imperfektionen. Das überragend gute Image, das die Bundesrätin in der Öffentlichkeit vorweisen kann, beruht auf den Säulen Kompetenz, Kommunikationsstärke, Überzeugungskraft und daneben natürlich auf menschlicher Wärme, Charme und einer guten Dosis Schalk. Doris Leuthard überzeugt in der Sache und gewinnt als Mensch.

Staatsbesuch in Vietnam: Doris Leuthard geniesst vom Bitexco Tower aus den Blick über Ho Chi Minh City (April 2018).

Nachwort von Reto Nause

Trotz ihrer herausragenden Erfolge ist Doris Leuthard immer eine Merenschwanderin geblieben. So ist es auch kein Wunder, dass sie nach ihrer Rücktrittserklärung nahezu erlöst wirkt, denn das Amt der Bundesrätin, das sie mehr als zwölf Jahre innehatte, ist enorm fordernd. Dazu kommt, dass jeder Schritt, jede Äusserung – ob privat oder amtlich – von der Öffentlichkeit beobachtet und bewertet wird.

Insgesamt kann Doris eine sehr erfüllte und erfolgreiche Bilanz ihrer Amtszeit ziehen; sie hätte keinen besseren Zeitpunkt wählen können, um zu gehen.

Angedeutet hatte sie ihren Rücktritt bereits vor einiger Zeit, und nach dem Rücktritt ihres Kollegen Johann Schneider-Amman dürfte der öffentliche Druck noch zugenommen haben. Obwohl die CVP sie bestimmt noch gerne länger im Amt gesehen hätte, wird ihr die Partei sicher keinen Vorwurf machen – die aus dem beiderseitigen Rücktritt entstandene Doppelvakanz eröffnet auch ihr neue Möglichkeiten.

Doris hingegen kann sich vermehrt wieder dem zuwenden, was ihr äusserst wichtig ist und was in den intensiven Jahren ihrer Amtszeit zu kurz gekommen ist: ihre Familie. Mit den Tränen kämpfend verkündet sie dies auch als wichtigen Punkt bei der Pressekonferenz zu ihrem Rücktritt. Der Tod ihres Vaters vor zwei Jahren hat sie sehr getroffen. Dort, bei ihrer Familie, und auch in ihrer Heimatgemeinde allgemein hat sie ihre Wurzeln, aus denen sie die Kraft bezieht für ihr Engagement in der Öffentlichkeit, für Werte und Überzeugungen zum Wohl der Gemeinschaft, für ihre Visionen.

Nichts spiegelt diese Vereinigung von höchster geistiger Präsenz, Scharfsinn und Bodenständigkeit besser als die Abende mit «philosophischem Spaghetti-Essen» in ihrer Wohnung in der Bundeshauptstadt Bern. Dort philosophierten wir über Gott und die Welt, öffneten Horizonte und entwarfen Visionen – nie ohne dabei eine gesunde Bodenhaftung zu verlieren. Und das ist das, was sie ausmacht: Doris ist ein zutiefst ehrlicher und authentischer Mensch. Das spüren auch die Leute und das macht sie in der Öffentlichkeit so beliebt. Mit ihrer offenen, echten Art verbreitet sie Lebensfreude und Kreativität – und öffnet so die Herzen der Menschen.

Und diese Menschen werden sie weitertragen als Bundesrätin mit Charme, Charisma und Herz.

Reto Nause
Direktor für Sicherheit, Umwelt und Energie, Stadt Bern

Doris Leuthard – Die Daten

10.04.1963	‣ Geburt in Merenschwand (AG) Eltern: Leonz und Ruth Leuthard Drei Brüder: Thomas (*1964), Fabian (*1966), Maurus (*1969)
1969	‣ Primarschule in Merenschwand, Bezirksschule in Muri, Kantonsschule Wohlen
1982	‣ Maturitätsprüfung
1982	‣ Studium der Rechtswissenschaft an der Universität Zürich sowie ‣ Studienaufenthalte in Paris und Calgary ‣ Gerichtspraktikum am Bezirksgericht Bremgarten
1989	‣ Eintritt in die Anwaltskanzlei Fricker Seiler Rechtsanwälte (heutiger Name) mit Büros in Wohlen und Muri (AG)
1991	‣ Erwerb des Fürsprecherpatents ‣ Rechtsanwältin ‣ Partnerin der Kanzlei Fricker + Leuthard mit Büros in Wohlen und Muri (AG)
1993–2000	‣ Schulrätin des Bezirks Muri
1996–1997	‣ Mitglied der Schlichtungsbehörde für das Mietwesen
1997–2000	‣ Wahl in den Grossen Rat (Kantonsrat) des Kantons Aargau ‣ Mitglied der Fachkommission Gleichstellung von Frau und Mann sowie der Justizkommission
1999	‣ Gleichzeitige Kandidatur für Nationalrat und Ständerat
1999–2006	‣ Nationalrätin der CVP Aargau Kommissionsmitgliedschaften: ‣ Rechtskommission ‣ Staatspolitische Kommission ‣ Gerichtskommission ‣ Kommission für Wirtschaft und Abgaben
31.12.1999	‣ Heirat mit Roland Hausin, mit dem sie seit 1979 zusammen ist
2000–2004	‣ Vizepräsidentin der CVP Aargau
2001–2004	‣ Vizepräsidentin der CVP Schweiz

18.09.2004 – 15.06.2006	‣ Wahl zur Parteipräsidentin der CVP Schweiz
14.06.2006	‣ Wahl in den Bundesrat
01.08.2006	‣ Amtsantritt in den Bundesrat als Vorsteherin des Eidgenössischen Volkswirtschaftsdepartements, EVD (heute WBF) ‣ Vertretung der Schweiz u. a. bei: EFTA, WTO, OECD, FAO und der Weltbank
2009	‣ Wahl zur Vizepräsidentin des Bundes
19.02.2009	‣ Unterzeichnung eines Freihandelsabkommens mit Japan in Tokio
2010	‣ Wahl zur Bundespräsidentin
01.11.2010	‣ Wechsel als Vorsteherin in das Eidgenössische Departement für Umwelt, Verkehr, Energie und Kommunikation (UVEK)
2012	‣ Preisträgerin der Arosa Humorschaufel 2012
2017	‣ Wahl zur Bundespräsidentin
Mandate in Verwaltungs- und Stiftungsräten bis Juni 2006 (Wahl in den Bundesrat)	‣ Präsidentin Stiftungsforum Fastenopfer, Luzern ‣ Stiftungsrat ZEKA (Zentren für Körperbehinderte Aargau) ‣ Stiftungsrat Schweizerisches Pestalozziheim Neuhof, Birr ‣ Stiftungsrätin Integra Freiamt (Wohn-, Heim- und Werkstätte für behinderte Menschen), Wohlen ‣ Präsidentin der Aargauischen Volkshochschulen, Lenzburg ‣ Schweizerischer Mitgliederrat CSS Versicherungen, Luzern ‣ Vorstand und Stiftungsrätin Kreisspital Freiamt, Muri ‣ Heimvorstand Pflegi, Muri ‣ Verwaltungspräsidentin VIVIT AG ‣ Präsidentin der Schweiz, Lauterkeitskommission in der Werbung, Zürich ‣ Präsidentin der Stiftung Mobilkommunikation und Umwelt, Bern ‣ Verwaltungsrätin Elektrizitätsgesellschaft Laufenburg EGL ‣ Verwaltungsrätin Neue Aargauer Bank NAB ‣ Verwaltungsratspräsidentin Assist AG

Übersicht über die Abstimmungen, die Bundesrätin Doris Leuthard begleitet hat

EVD

		Resultat
26.11.2006	Bundesgesetz über die Zusammenarbeit mit den Staaten Osteuropas (zusammen mit EDA und EFD)	☑
08.02.2009	Weiterführung und Ausdehnung Personenfreizügigkeit auf Rumänien und Bulgarien (zusammen mit EDA)	☑
29.11.2009	Volksinitiative «Für ein Verbot von Kriegsmaterial-Exporten»	☑
07.03.2010	Volksinitiative Tierschutzanwalt	☑
26.09.2010	Revision Arbeitslosenversicherungsgesetz ALV	☑

UVEK

11.03.2012	Volksinitiative «Schluss mit uferlosem Bau von Zweitwohnungen!»	☒
03.03.2013	Änderung des Raumplanungsgesetzes - Referendum	☑
24.11.2013	Änderung des Nationalstrassenabgabegesetzes (Vignette) - Referendum	☒
09.02.2014	Bundesbeschluss über die Finanzierung und den Ausbau der Eisenbahninfrastruktur (FABI)	☑
14.06.2015	Änderung des Bundesgesetzes über Radio und Fernsehen RTVG - Referendum	☑
28.02.2016	Sanierung Gotthard-Strassentunnel - Referendum	☑
05.06.2016	Volksinitiative «Pro Service public»	☑
25.09.2016	Volksinitiative Grüne Wirtschaft	☑
27.11.2016	Volksinitiative «Für einen geordneten Ausstieg aus der Atomenergie»	☑
12.02.2017	Bundesbeschluss über die Schaffung eines Fonds für die Nationalstrassen und den Aggloverkehr NAF	☑
21.05.2017	Energiegesetz = > ES 2050	☑
04.03.2018	Volksinitiative «Ja zur Abschaffung der Radio- und Fernsehgebühren» (No-Billag-Initiative)	☑
23.09.2018	Bundesbeschluss über die Velowege	☑

In der Amtszeit von Bundesrätin Leuthard kamen 18 Vorlagen zur Abstimmung, bei denen ihr Departement federführend mit involviert war.

Bei 16 der 18 Abstimmungen folgte der Souverän der Haltung des Bundesrats, die Bundesrätin Leuthard im Abstimmungskampf vertrat.

Über den Autor

Werner Vogt, Dr. phil. (Uni ZH) & Exec. MBA (HSG), ist Buchautor und Publizist. Er ist Gründer und Inhaber der in Buchproduktion, Medienarbeit und Corporate Publishing spezialisierten Werner Vogt Communications AG in Küsnacht ZH. Zuvor war er während 14 Jahren Journalist (NZZ-Auslandredaktor und Südafrika-Korrespondent) sowie über sieben Jahre Pressechef der Schweizer Börse/SIX. Er promovierte mit einer Arbeit über das Churchill-Bild in der NZZ. Werner Vogt ist Autor, Herausgeber und Produzent mehrerer Sachbücher über Geschichte und Politik, u.a. Churchill und die Schweiz (2015) und SWISS, die Airline der Schweiz (2018), beide sind im Verlag NZZ Libro erschienen.
Werner Vogt lebt mit seiner Familie in Küsnacht (ZH).

Dank

Allen Personen, die zum Gelingen dieses Buches beigetragen haben, möchte ich herzlich danken.
Ein besonderer Dank geht an Bundesrätin Doris Leuthard, ihre Mutter Ruth und ihren Bruder Fabian für ihre Bereitschaft, meine Fragen zu beantworten.
Dankbar bin ich auch für die Einsichten, die bedeutende Weggefährten wie alt Bundesrat Hans-Rudolf Merz, Reto Nause, Gemeinderat und Sicherheitsdirektor der Stadt Bern, Annetta Bundi, Beatrice Wertli und Rechtsanwalt Dr. Kurt Fricker mit mir geteilt haben.
Ebenfalls spannend waren die Gespräche in Doris Leuthards Heimatgemeinde Merenschwand, wo mir der Kurator des Ortsmuseums, Bruno Käppeli, Auskunft über die Geschichte des Dorfes gab. Claudia Dober, Rita Fischer, Trudi Lang und Milly Stöckli gewährten mir Einblick in Doris Leuthards Geschichte als Turnerin.
Den folgenden Mitgliedern des Nationalrats gebührt ebenfalls mein Dank: Petra Gössi, Parteipräsidentin, FDP, Corina Eichenberger, FDP, Hansjörg Knecht, FDP, Yvonne Feri, SP, Maximilian Reimann, SVP und Luzi Stamm, SVP; ferner den politischen Beobachtern und Industrievertretern Kurt Rohrbach, Präsident, und Michael Frank, Direktor, VSE, dem langjährigen Bundeshauskorrespondenten und Inlandredaktor René Lenzin, dem Nestor von Public Relations und Public Affairs in der Schweiz, Klaus J. Stöhlker, und Marc Walder, CEO, Ringier Axel Springer Schweiz sowie allen politischen Profis, die aufgrund ihrer Funktion nicht namentlich in Erscheinung treten durften.
Last but not least geht ein grosser Dank an Lukas Heim, Verlagsleitung Weltbild Schweiz, Susanne Dieminger, Lektorat, und Thomas Uhlig, Grafik sowie wie an mein Kernteam Kvetoslava Kovarikova und Jürg Schalch (Research Assistance) und meine Frau Daniela Vogt-Koenig.

Zumikon, im November 2018
Werner Vogt

Bildnachweis

(o = oben, u = unten, l = links, r = rechts)

Aargauer Zeitung:
Chris Iseli: 14
Severin Bigler: 16
Rolf Jenni: 64
Rolf Neeser: 14
Alex Spichale: 48, 52, 56
parlament.ch: 71
Marco Ratschiller: 90, 104
Michael Streun: 98
Adobe Stock: 115
SRF/youtube: 143, 145, 146
Dukas:
Fabienne Bühler: 24
Hervé Le Cunff: 26
Sobli: 27
Severin Nowacki: 29, 62, 76, 87, 155
Toini Lindroos/Blick: 21, 32, 132
Niklaus Wächter: 34
Philippe Rossier: 55
Ueli Hiltpold: 75
Peter Gerber: 89
Rex Features: 112ol
ZUMA/Scanpix: 130
Benjamin Soland: 140
Keystone:
Karl Mathis: 28, 80/81, 112or,
Alessandro Della Valle: 30, 147
Ennio Leanza: 36
Alexandra Wey: 38, 41, 44, 47, 128, 152/153
Alessandro Della Bella: 58/59, 82/83
Yoshiko Kusano: 60
Christian Beutler: 63
Marcel Bieri: 65, 91
Gaetan Bally: 99
Peter Schneider: 67, 94
Eddy Risch: 68/69
Edi Engeler: 72, 74
Monika Flückiger: 79
Stefan Wermuth: 84
Dominik Baur: 96
Peter Klaunzer: 103, 107, 108, 110, 113or, 142
Olivier Maire: 105
Remo Naegeli: 114, 117, 123, 126
Andreas Solaro: 112ul
Adi Weda: 112ur
STR/EPA: 113ol
Goeffroy van der Hasselt: 113u
Jason Lee. 131
Michael Hanschke: 136/137
Lukas Lehmann: 135, 138o, 138u, 150
Pablo Gianinazzi: 151
Privat: 12, 16, 17, 18, 22, 35, 48, 51, 86
Archiv Werner Vogt: 159